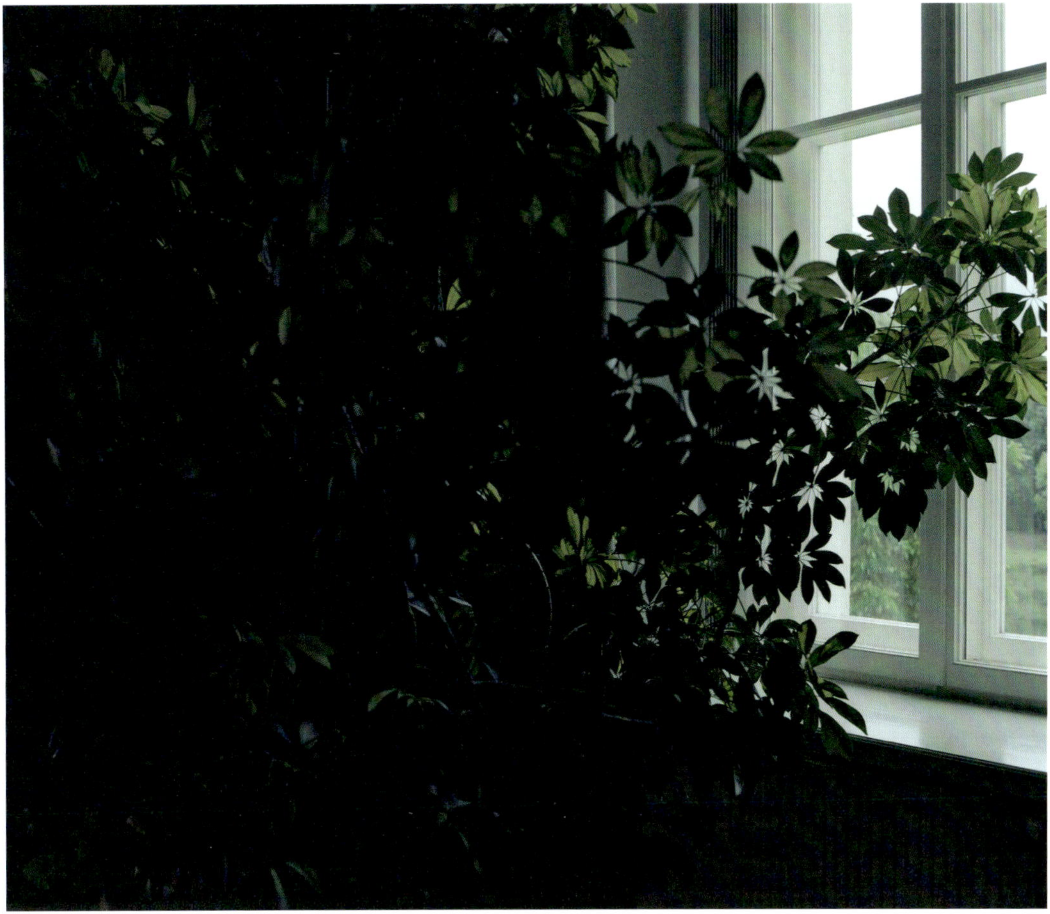

Auf den Spuren baltischer Gutshauskultur

On the Trail of the Baltic Manor House Culture

Pa Baltijas muižu kultūras pēdām

Balti mõisakultuuri jälgedes

ANJA PUTENSEN

DAS GUT
THE MANOR
MUIŽA
MÕIS

KERBER PHOTO

This photo album is a representation of historic Baltic manor culture in its surrounding landscape. The rural areas of Estonia and Latvia are characterised by their numerous manors with adjoining farm buildings and parks. Some have been renovated, but many of the manor houses have fallen into disrepair. Restoring them presents a major financial challenge for the small states of Estonia and Latvia, despite financial assistance from the EU.

The manor houses have a complex centuries-long history. From the perspective of Estonians and Latvians, they have long been a symbol of serfdom: from the thirteenth to the nineteenth century, they had to work hard on the farms for a German-speaking immigrant upper class, while the Baltic landlords led a feudal life based on Western European culture. Politics, architecture, art, science and economics were

In diesem Fotobuch geht es um eine Darstellung historischer baltischer Gutshauskultur in ihrer umgebenden Landschaft. Die ländlichen Gebiete Estlands und Lettlands sind von ihren zahlreichen Gutshäusern mit angegliederten Wirtschaftsgebäuden und Parkanlagen geprägt. Einige wurden mit privaten und öffentlichen Mitteln renoviert, ein großer Teil der Gutshäuser allerdings verfällt. Die Restauration bringt eine umfangreiche finanzielle Herausforderung für die kleinen Staaten Estland und Lettland mit sich, trotz Förderung durch die EU.

Die Gutshäuser haben eine komplexe jahrhundertelange Geschichte. Aus der Perspektive von Esten und Letten waren die Gebäude lange Zeit ein Symbol für Knechtschaft: Sie mussten vom 13. bis weit ins 19. Jahrhundert für eine eingewanderte deutschsprachige Oberschicht unter harten Bedingungen auf den Höfen arbeiten während die baltischen Gutsherren ein feudales, kulturell nach Westeuropa orientiertes Leben führten. Politik, Architektur, Kunst, Wissenschaft und Wirtschaft waren durch die Einwanderer geprägt. Die Gutsherren konnten ihre

influenced by the immigrants. The landlords were able to preserve their privileges for a long time, despite the area being taken over by different neighbouring states. Russian domination was only established towards the end of the nineteenth century. Estonians and Latvians were increasingly able to assert their own interests, and after the Russian Revolution and the First World War, they finally founded their own states for a short while. The manor masters were expropriated; many escaped. During the Second World War, both Germany and the Soviet Union occupied Estonia and Latvia. After that, the states were forcibly incorporated into the Soviet Union: many Estonians and Latvians were deported to Siberia, and Russian settlers arrived. During this time, the manor houses served as cattle sheds, schools, children's homes or sanatoriums, among others. Today, Estonians and Latvians consider these estates as main attractions in the rural regions: small tourist offices and lovingly furnished museums await international and national guests. Great hope is placed in tourism. The manor houses also represent a cultural orientation towards Western Europe, as the fear exists that after the Crimea, the Russian government will also

Privilegien trotz Einnahme des Gebietes durch unterschiedliche benachbarte Staaten lange Zeit bewahren. Erst gegen Ende des 19. Jahrhunderts kam es zu einer russischen Vorherrschaft. Esten und Letten konnten eigene Interessen zunehmend durchsetzen und nach der Russischen Revolution und dem Ersten Weltkrieg schließlich kurzfristig eigene Staaten gründen. Der Besitz der Gutsherren wurde reduziert oder enteignet, ein Großteil der Familien flüchtete. Im Zweiten Weltkrieg okkupierten sowohl Deutschland als auch die Sowjetunion Estland und Lettland. Danach wurden die Staaten zwangsweise in die Sowjetunion eingegliedert: Viele Esten und Letten wurden nach Sibirien deportiert, Fluchten Richtung Westen fanden statt, Russen siedelten sich an. Die Gutshäuser dienten während dieser Zeit u. a. als Schulen, Kinderheime, Sanatorien oder Viehställe. Heute werden die Gutshäuser von Esten und Letten v. a. als regionale Hauptsehenswürdigkeiten betrachtet: Kleine Touristenbüros und liebevoll eingerichtete Museen erwarten internationale und nationale Gäste. In den Tourismus wird eine große Hoffnung gesetzt. Die Gutshäuser stehen dabei auch für eine kulturelle Orientierung nach Westeuropa. Weiter besteht die Angst,

occupy Estonia and Latvia. Apart from the economic and cultural ties that they represent, Germans are primarily regarded as an important NATO partner as well as being deemed part of the region's own history in a more nuanced sense. Baltic German descendants are still interested in the manors of their ancestors: their search for clues and preoccupation with their uprooted family history lead them to Estonia and Latvia.

This work is a subjective photographic search that leads to historical places in Estonia and Latvia. The view is directed towards a fictitious manor, composed of many places. Short excerpts of Estonian (blue), Latvian (blue) and German Baltic (yellow) childhood memories are used in addition to the images for further historical analysis. The photographs were taken with an analogue medium-format camera on roll film.

dass die russische Regierung nach der Krim auch Estland und Lettland besetzt. Die Deutschen werden neben den wirtschaftlichen und kulturellen Beziehungen heute v. a. als ein wichtiger Natopartner sowie auch differenzierter als Teil der eigenen Geschichte gesehen. Baltendeutsche Nachfahren sind noch heute an den Gutshäusern ihrer Vorfahren interessiert: Spurensuche und die Beschäftigung mit der entwurzelten Familiengeschichte führen sie nach Estland und Lettland.

In dieser Arbeit findet eine subjektive fotografische Suche statt, die an historische Orte in Estland und Lettland führt. Die Blickrichtung ist die eines Gutshauses fiktiv aus vielen Orten zusammengesetzt. Kurze Textbausteine von estnischen (blau), lettischen (blau) und deutschbaltischen (gelb) Kindheitserinnerungen dienen neben den Bildern der weiteren historischen Erschließung. Die Fotografien sind mit einer analogen Mittelformatkamera auf Rollfilm entstanden.

Šī grāmata ir vēsturisks Baltijas muižu kultūras attēlojums to apkārtējā ainavā. Igaunijas un Latvijas ainaviskie apgabali ir raksturīgi ar daudzajām muižām, kuras ieskauj parki un muižu kompleksi Daļa no tām ir atjaunotas par privātiem un publiskiem līdzekļiem, tomēr lielākā daļa ir zaudējušas savu skaistumu. Neskatoties uz pieejamo ES atbalstu, muižu atjaunošana ir finansiāli liels izaicinājums tādām mazām valstīm kā Igaunija un Latvija.

Muižām ir gadsimtiem ilga vēsture. Skatoties no igauņu un latviešu tautu perspektīvas, šīs ēkas ilgu laiku bija verdzības simbols: no 13. līdz pat 19. gadsimta vidum muižās, vāciski runājošo ienācēju labā, bija smagi jāstrādā,

See fotoraamat avab meile vaate ajaloolisele balti mõisakultuurile ning seda ümbritsevale maastikule. Eesti ja Läti maapiirkondi ilmestavad arvukad mõisamajad koos majandushoonete ja parkidega. Paljud neist on eraomanike poolt või avalike vahendite toel renoveeritud, kuid suur osa mõisahoonetest on siiski lagunemas. Restaureerimine on väikeriikidele Eestile ja Lätile suureks rahaliseks väljakutseks, vaatamata ka Euroopa Liidu toetusele.

Mõisakompleksidel on järjepidev sajanditepikkune ajalugu. Eestlaste ja lätlaste seisukohast olid need hooned pikka aega orjapõlve sümboliks: 13. sajandist alates kuni peaaegu 19. sajandi lõpuni pidid nad saksakeelse sisserännanud ülemkihi heaks rasket mõisatööd tegema, samal ajal kui Balti mõisnikke iseloomustas feodaalne kultuurilises mõistes Lääne-Euroopale orienteeritud eluviis. Nemad kujundasid ka poliitikat, arhitektuuri, kunsti, teadust ja majandust. Mõisnikud suutsid säilitada oma privileegid, hoolimata sellest, et sajandite vältel hõivasid neid alasid mitmed erinevad naaberriigid. Alles 19. sajandi lõpul hakkas siin domineerima Venemaa ülevõim. Eestlased ja

kamēr Baltijas muižkungi veda feodālu, uz Rietumeiropas kultūru vērstu, dzīvesveidu. Ieceļotāji ietekmēja politiku, arhitektūru, mākslu, zinātni un ekonomiku. Muižkungi spēja ilgi saglabāt savas privilēģijas, neskatoties uz dažādu kaimiņvalstu teritorijas iekarojumiem. Tikai 19.gadsimta beigās krievi pārņēma kundzību. Igauņiem un latviešiem radās iespējas vairāk pārstāvēt savas intereses, bet nodibināt savas valstis tikai pēc Krievijas revolūcijas un Pirmā pasaules kara. Muižkungu īpašumi tika samazināti vai atsavināti un lielākā daļa ģimeņu bija spiestas bēgt. Otrajā pasaules karā Padomju savienība un Vācija okupēja Igauniju un Latviju. Pēc tam piespiedu kārtā abas valstis tika iekļautas Padomju Savienība sastāvā: daudzi igauņi un latvieši tika deportēti uz Sibīriju, notika bēgšana uz rietumiem un krievi apmetās uz dzīvi. Šajā laikā muižas tika izmantotas kā skolas, bērnunami, sanatorijas vai lopu kūtis. Šodien igauņi un latvieši daudzviet muižas ir izveidojuši par iecienītiem reģionāliem apskates objektiem: nelieli tūrisma informācijas centri un ar mīlestību iekārtoti muzeji sagaida gan ārzemju, gan arī pašmāju viesus. Uz tūrismu tiek liktas lielas cerības. Muižas pārstāv Rietumeiropas

lätlased suutsid järjest enam oma huve kaitsta ning Vene revolutsiooni ja Esimese maailmasõja järel said nad lõpuks kiiresti oma riigid moodustada. Mõisnike omandusi vähendati või võõrandati ning suur osa neist perekondadest lahkus. Teise maailmasõja käigus okupeerisid Eestit ja Lätit nii Nõukogude Liidu kui ka Saksamaa väed. Mõlemad väikeriigid liideti sunniviisiliselt Nõukogude Liiduga. Palju eestlasi ja lätlasi saadeti asumisele Siberisse, paljud põgenesid läände, sisse tulid venelased. Mõisamajades paiknesid sel ajal koolid, lastekodud, sanatooriumid või loomalaudad. Tänapäeval peavad eestlased ja lätlased mõisakomplekse oma maaregioonide peamisteks vaatamisväärsusteks: väikesed turismibürood ja armastusega sisustatud muuseumid ootavad külalisi lähedalt ja kaugelt. Turismiga on seotud palju lootusi. Seejuures kinnitavad olemasolevad mõisad tõsiasja, et Eesti ja Läti kultuuriline orientatsioon on seotud Lääne-Euroopaga. Selle kõrval on tekkinud hirm, et Venemaa valitsus võib need riigid hõivata samamoodi kui Krimmi. Sakslastega on siin seotud nii majandus- kui kultuurisuhted; lisaks ühendab neid rahvaid oluliselt nii NATO-partnerlus kui diferentseeritumalt ka ühine ajaloo-osa.

kultūru. Pastāv bailes, ka Krievija pēc Krimas varētu pakļaut arī Igauniju un Latviju. Neskatoties uz ekonomiskajām un kultūras saitēm vācieši tiek uztverti ne tikai kā svarīgs NATO partneris, bet gan arī kā neatņemama kultūras sastāvdaļa. Baltvāciešu pēcteči šodien ir ieinteresēti savu priekšteču īpašumos: ģimenes vēstures izzināšana un pēdu meklēšana viņus atved uz Igauniju un Latviju.

Šis darbs atspoguļo subjektīvu fotogrāfisku meklējumu, kas aizved uz vēsturiskām vietām Igaunijā un Latvijā. Kompozīcija ir fiktīvs vairāku vietu salikums un rādīta no muižas perspektīvas. Fotogrāfiju vēsturisko vēstījumu papildina īsi latviešu, igauņu (teksts zilā krāsā) un baltvāciešu (teksts dzeltenā krāsā) bērnības atmiņu pieraksti. Fotogrāfijas ir izgatavotas ar analogu vidēja formāta kameru uz foto filmiņas.

Baltisakslaste järeltulijad tunnevad veel tänapäevalgi huvi oma eelkäijate elupaikade vastu. Soov otsida ja leida peaaegu kadunud jälgi ning väljajuuritud perekonnalugu toob neid Eestisse ja Lätti.

Selles fotoraamatus jõuavad teieni minu subjektiivsed fotograafilised otsingud, mis viivad meid Eesti- ja Lätimaa ajaloolistesse paikadesse. Mõisaelu üldpilt ja vaatenurk on tekkinud fiktiivselt paljude kohtade koosmõjul. Lühikesed tekstilõigud eesti ja läti (sinine tekst) ning baltisaksa (kollane tekst) lapsepõlvemeenutustest aitavad lisaks fotodele avada laiemat ajaloolist pilti. Pildistamisel on kasutatud keskmises formaadis analoogkaamerat ja rullfilmi.

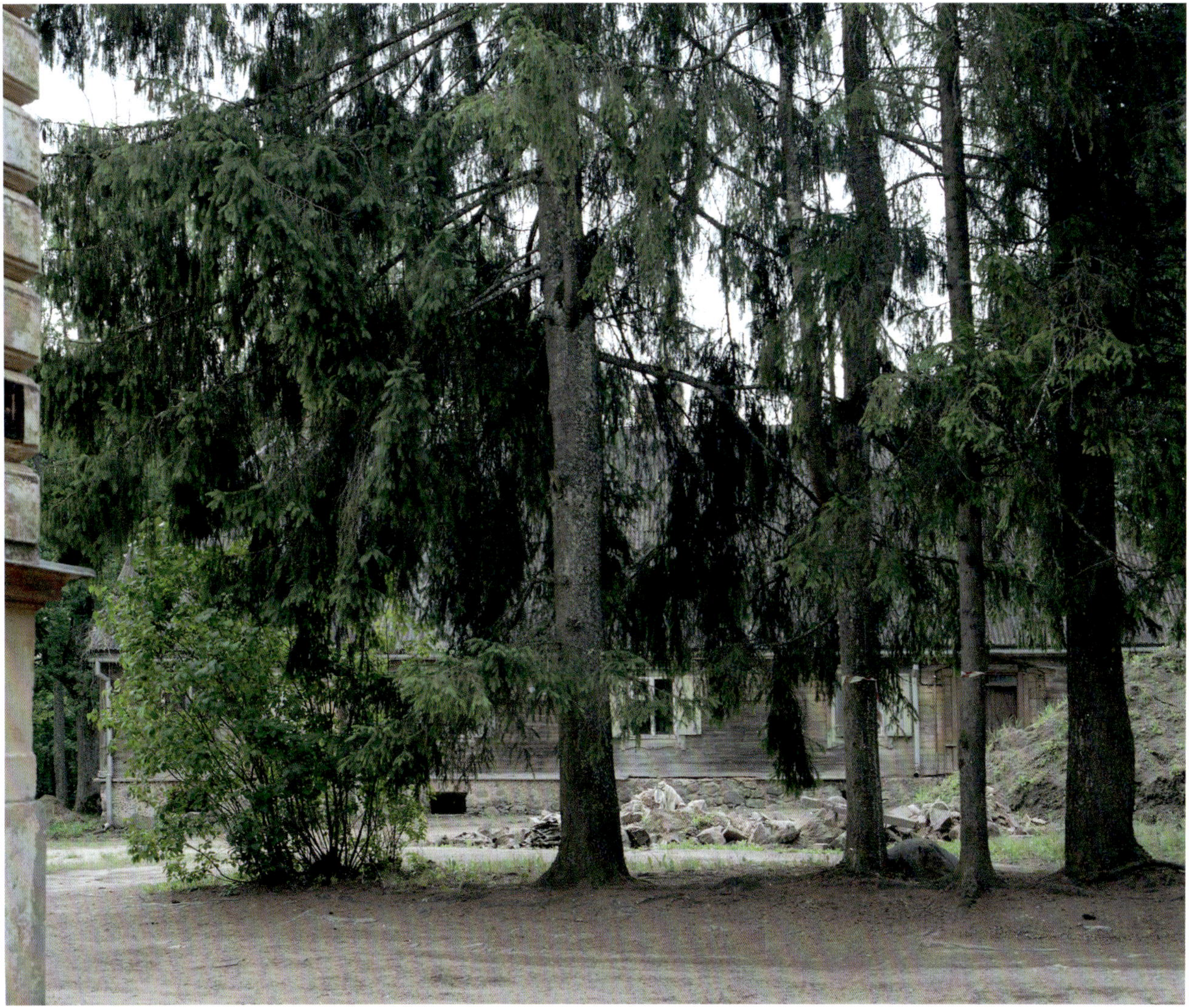

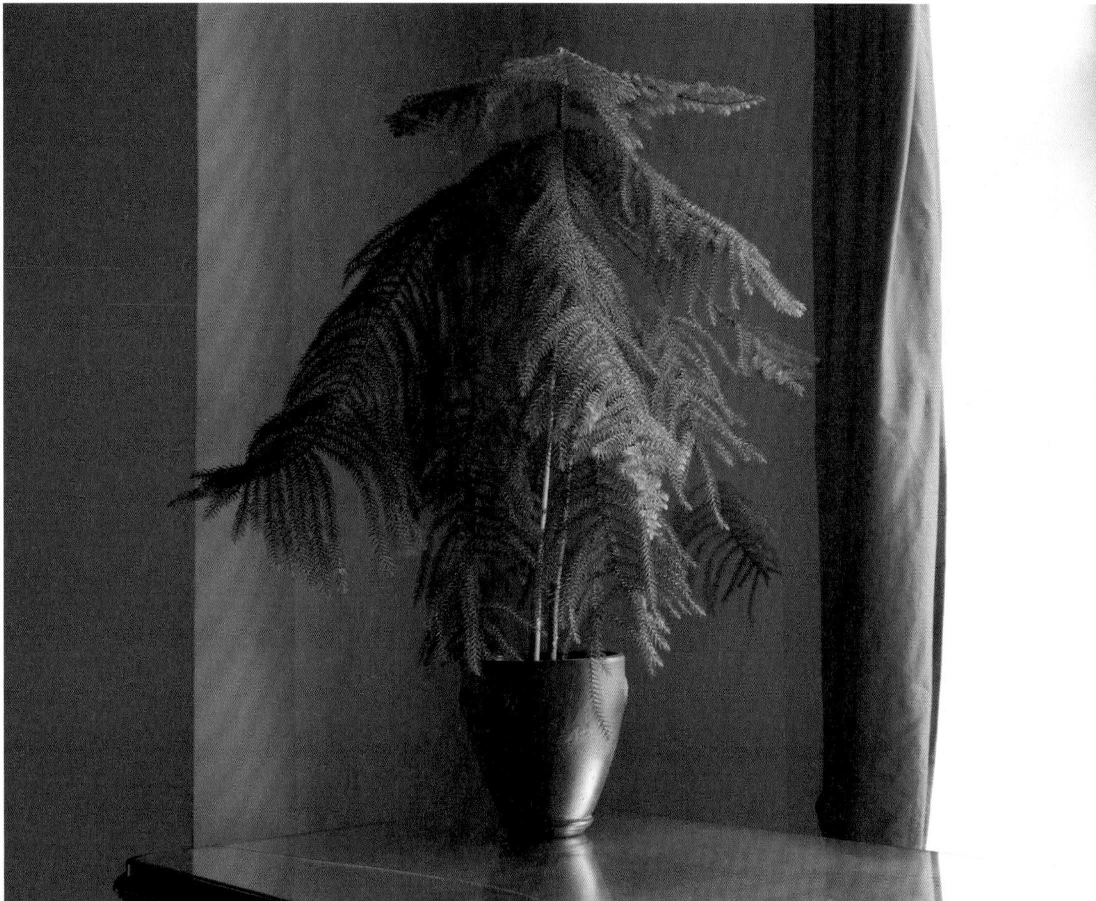

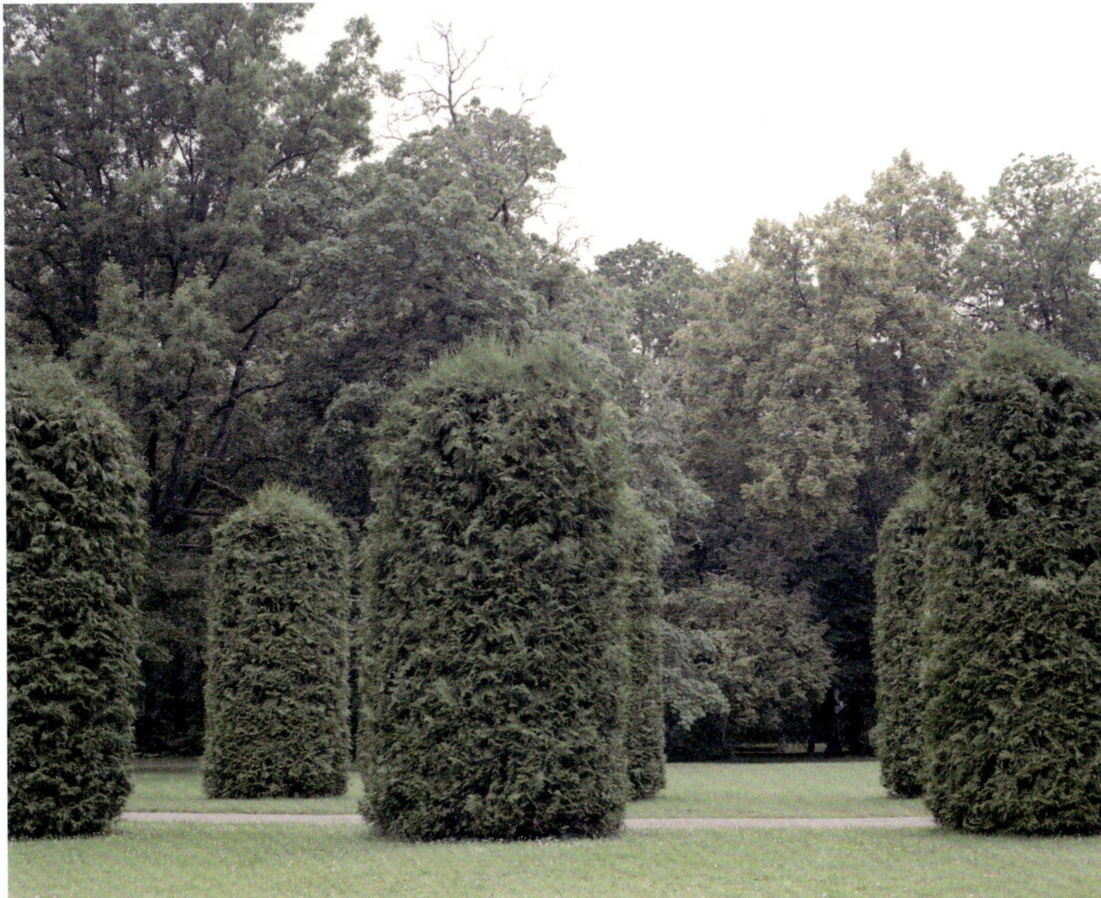

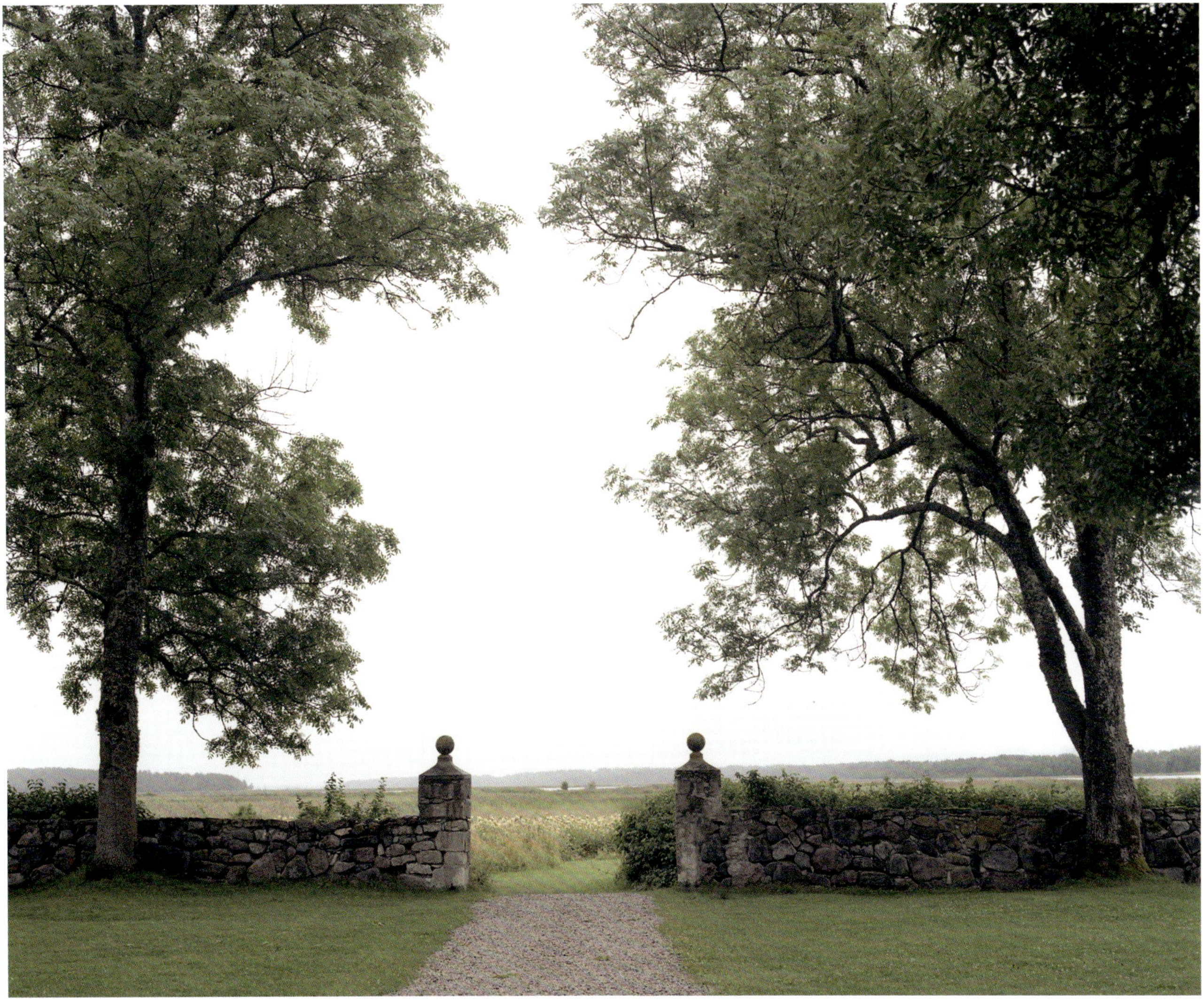

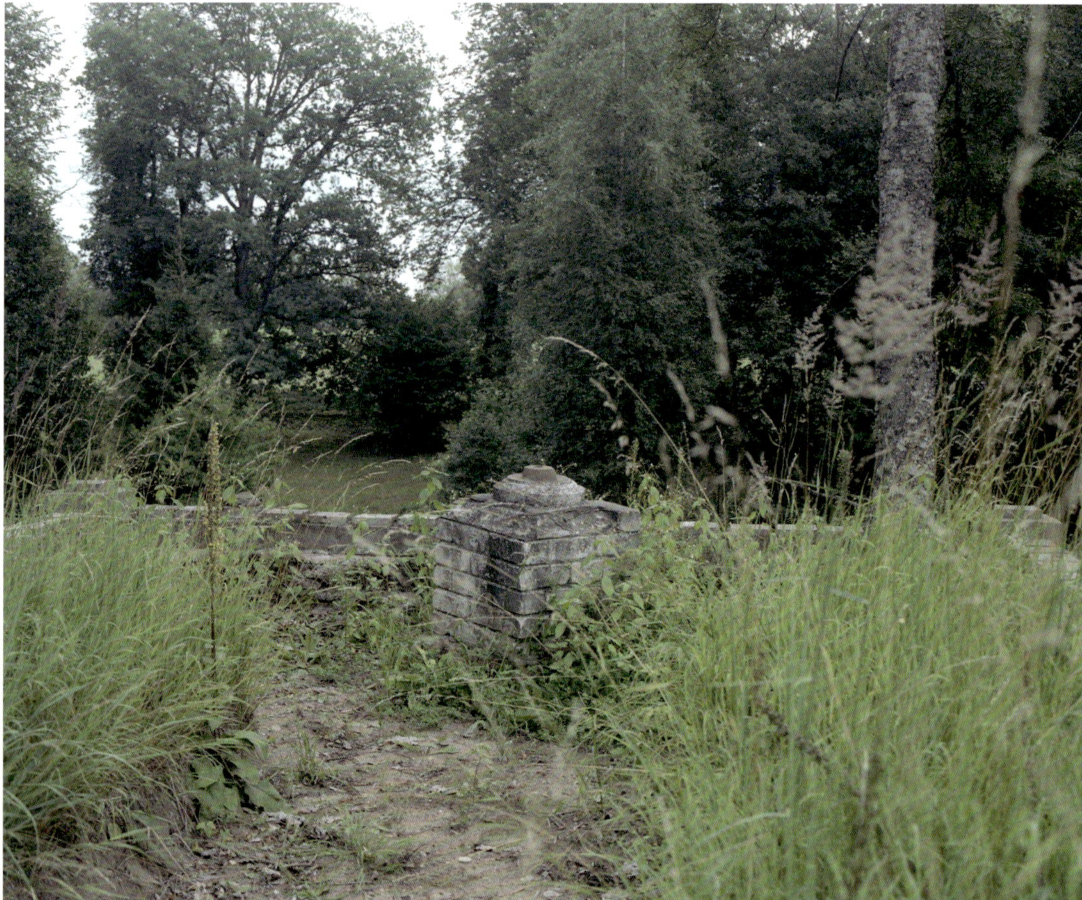

Meil, lastel, on pargis tore!
Mēs bērni varam lieliski rotaļā
Mängime peitust ja kiigume,
ties mūsu parkā: mēs spēlējam
meil on nukudki välja toodud.
Vanemad inimesed istuvad
paslēpes, laukā ir iznestas lelles,
šūpojamies. Pieaugušie sēž pavil-
künkal avara vaatega aia-
jonā uz pakalna un skatās tālumā
paviljonis, seal on mõnus
vestelda või lugeda.(1)
uz laukiem, tērzē vai lasa.(1)

Wir Kinder können herrlich in
We children can play blissfully
in our park: we play hide and
unserem Park spielen: Wir ver-
seek, have the dolls outside,
stecken uns, haben die Puppen
draußen, schaukeln. Die Älteren
swing. Our elders sit on the hill
sitzen auf dem Hügel im Pavillon
in the pavilion and look out far
und schauen weit hinein ins
Land, schwatzen oder lesen.(1)
onto the land, chat or read.(1)

Olen aednikupoiss. Tõmban
Esmu jauns dārznieks. Ik rītu
praegu härrastemaja ees
smiltis kungu mājas priekšā
terrassiliivale kalasabamustrit .
nogrābju skujveidu rakstā.
Loodan, et ei astu enam selle
peale oma paljaste jalgadega.
Jācer, ka pats tajā neiekāpšu.
Kui proua seda märkab, pean
Tad nāk kundze un man
kõik veelkord uuesti üle rehitsema.(2)
viss jāpārdara.(2)

I'm a garden boy. Like every
other morning, I rake
Ich bin Gärtnerjunge. Wie jeden Morgen
herringbone patterns in
the sand of the terrace in front
harke ich Fischgrätmuster in den Sand
of the mansion. I hope I don't
der Terrasse vor dem Herrenhaus. Hoffent-
lich komme ich nicht mit meinen nackten
tread on it with my bare feet,
because then the mistress
Füßen darauf. Dann kommt die Herrin und
will come and I'll have to
ich muss alles noch einmal nachrechen.(2)
do it all over again.(2)

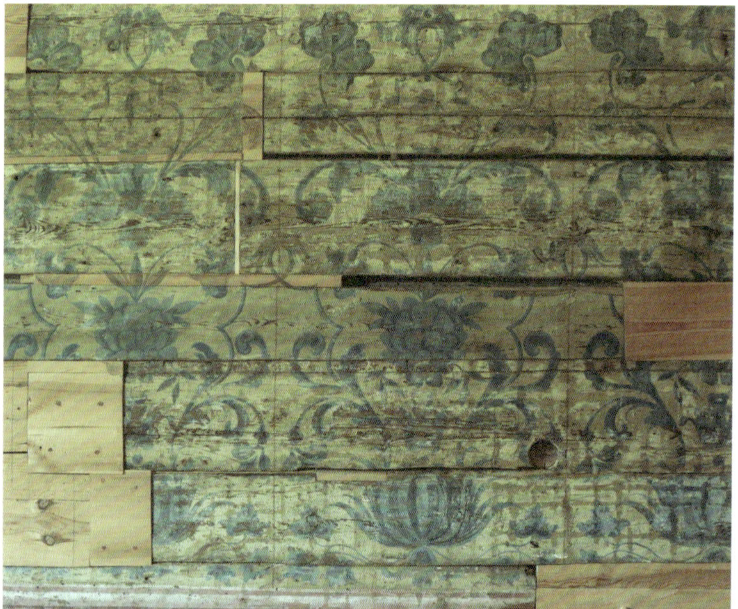

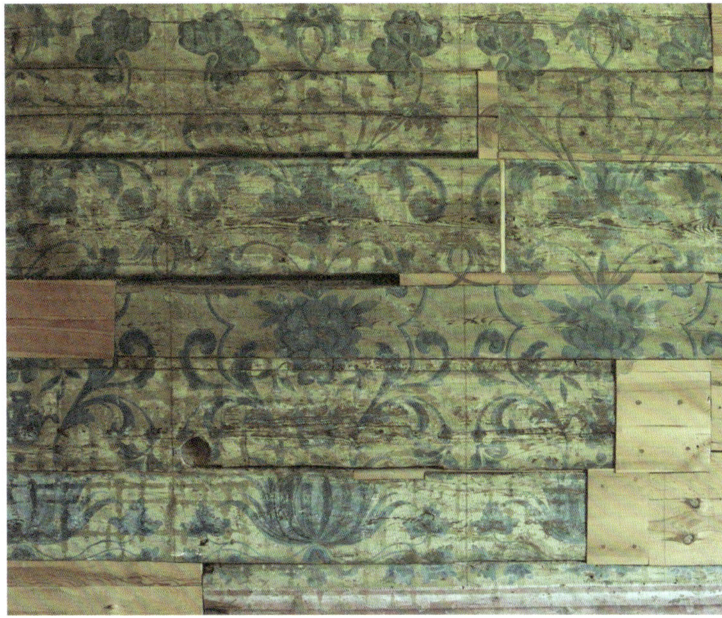

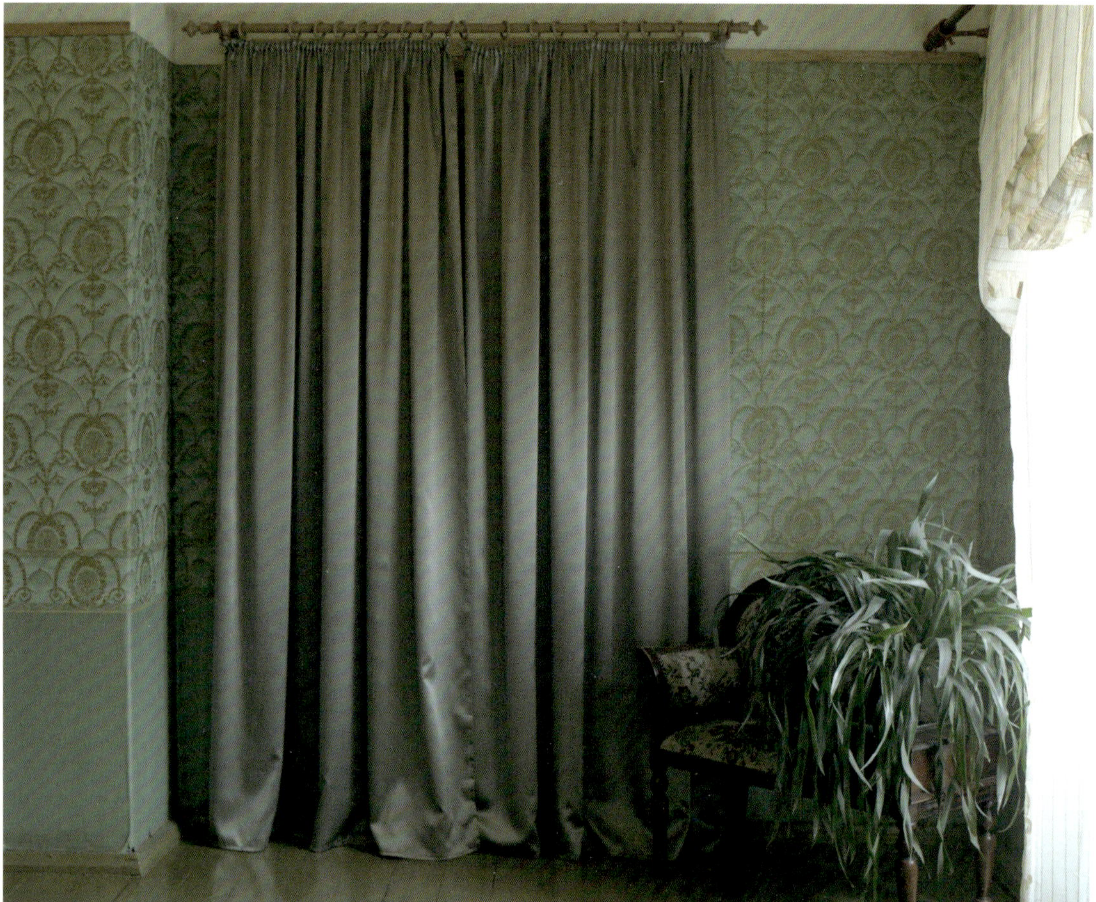

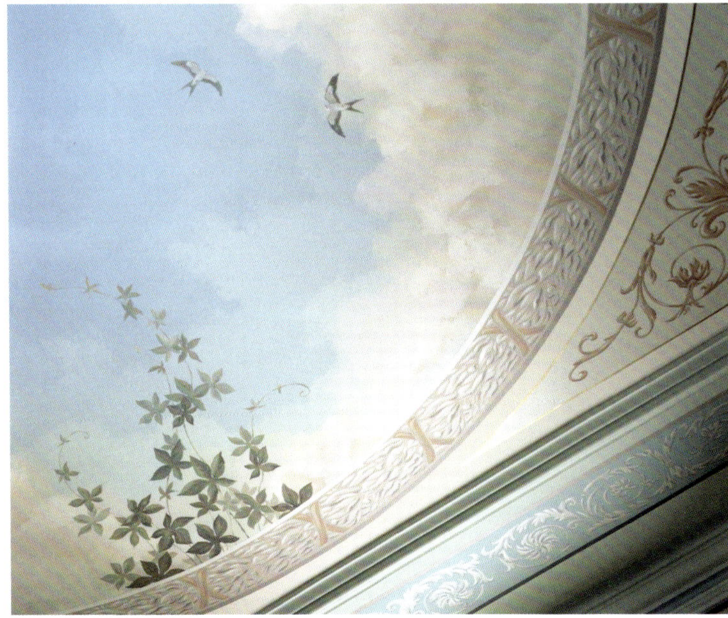

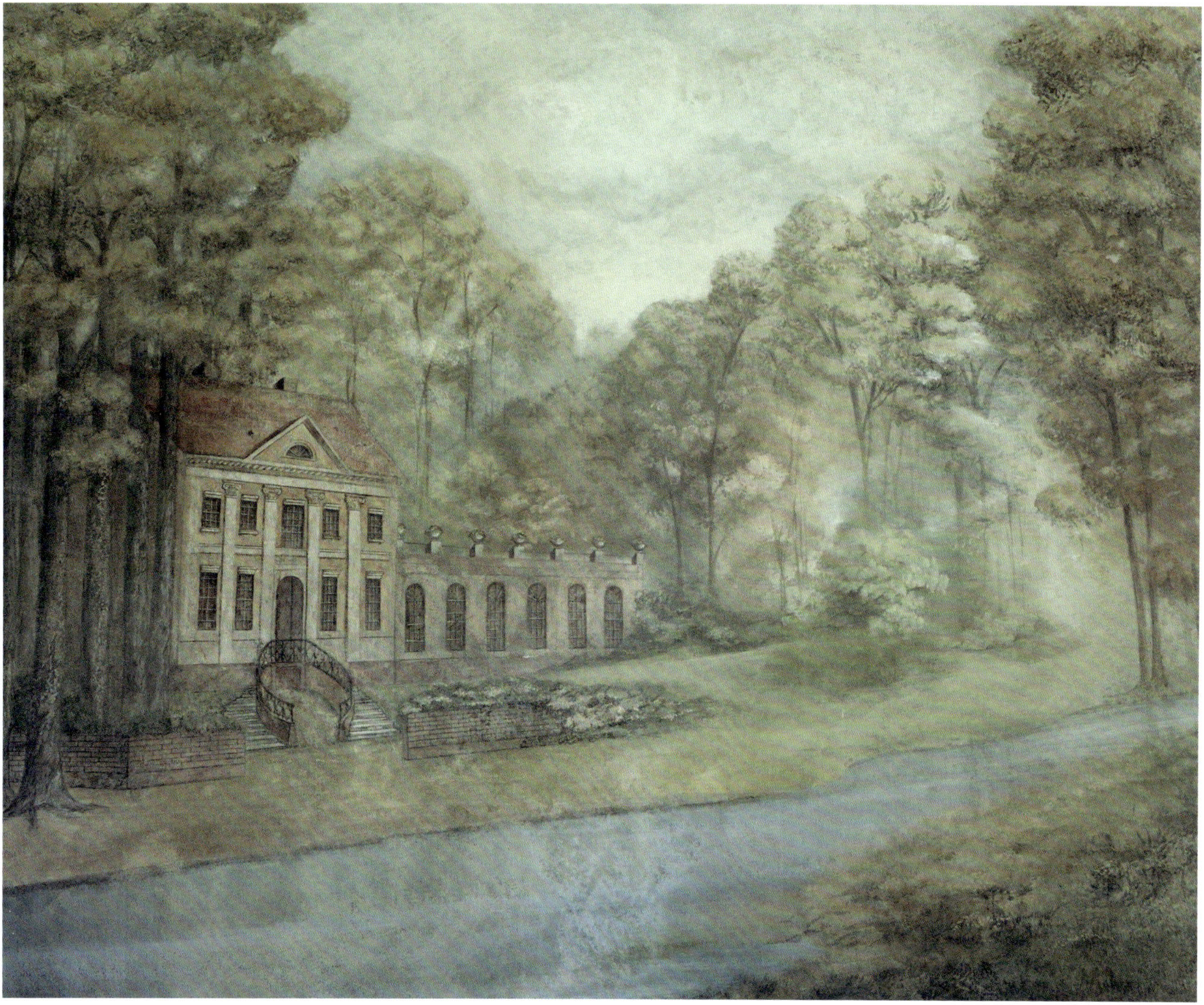

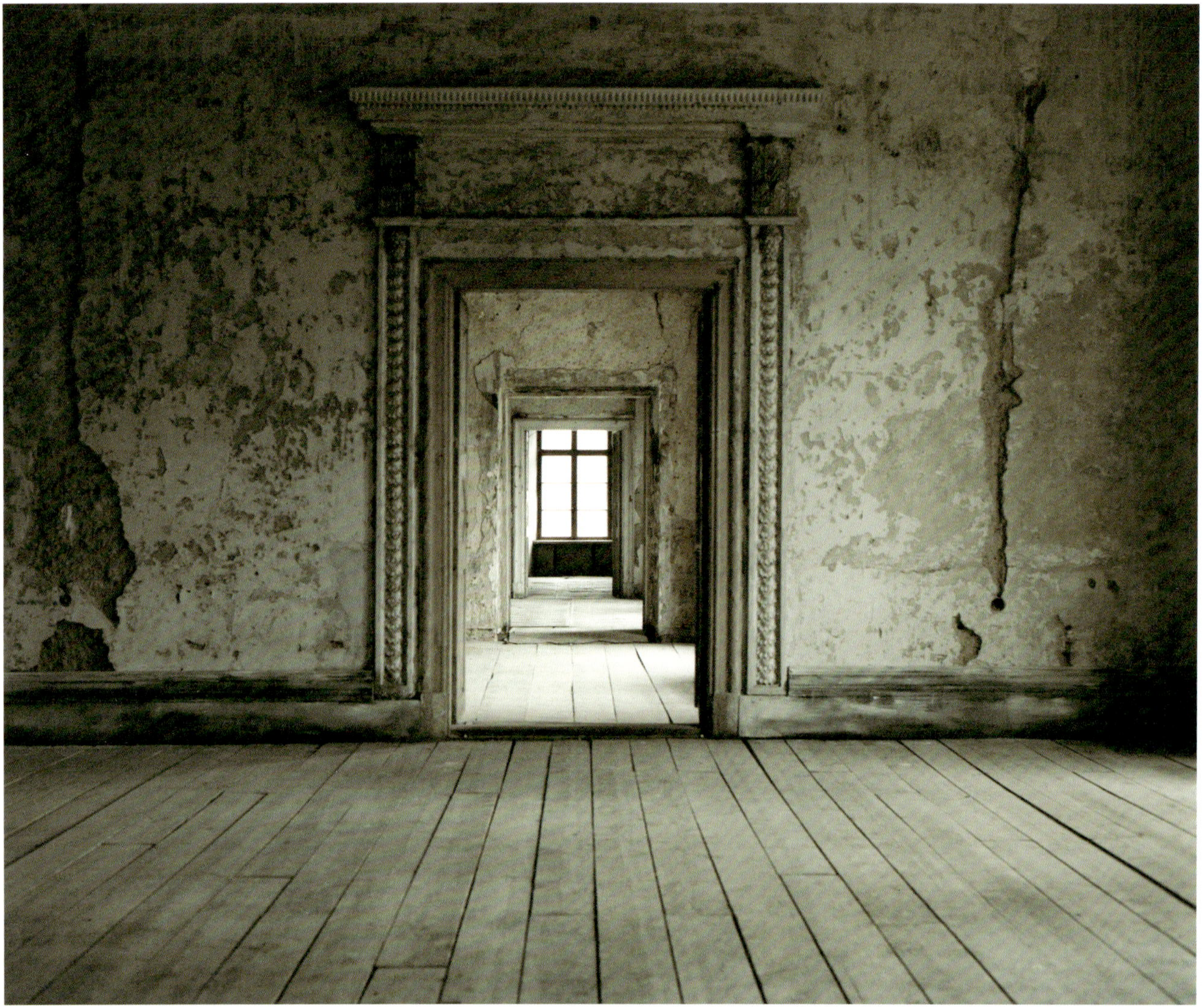

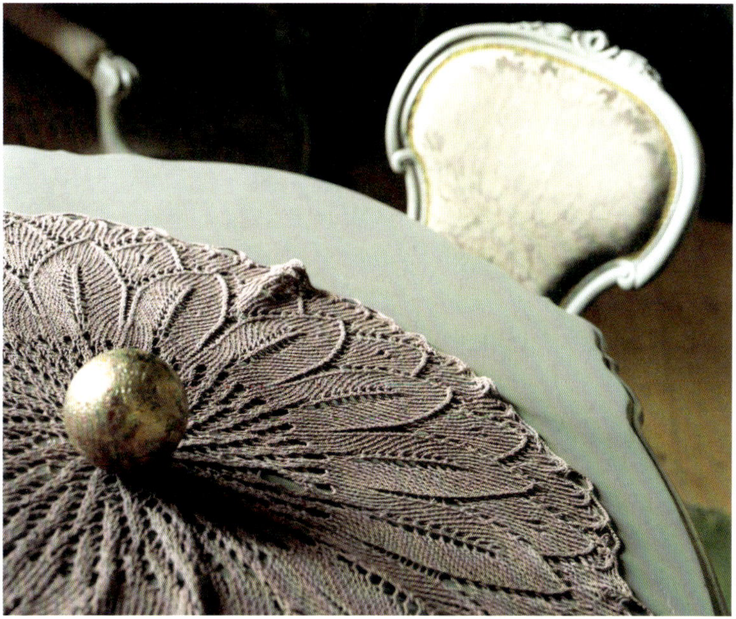

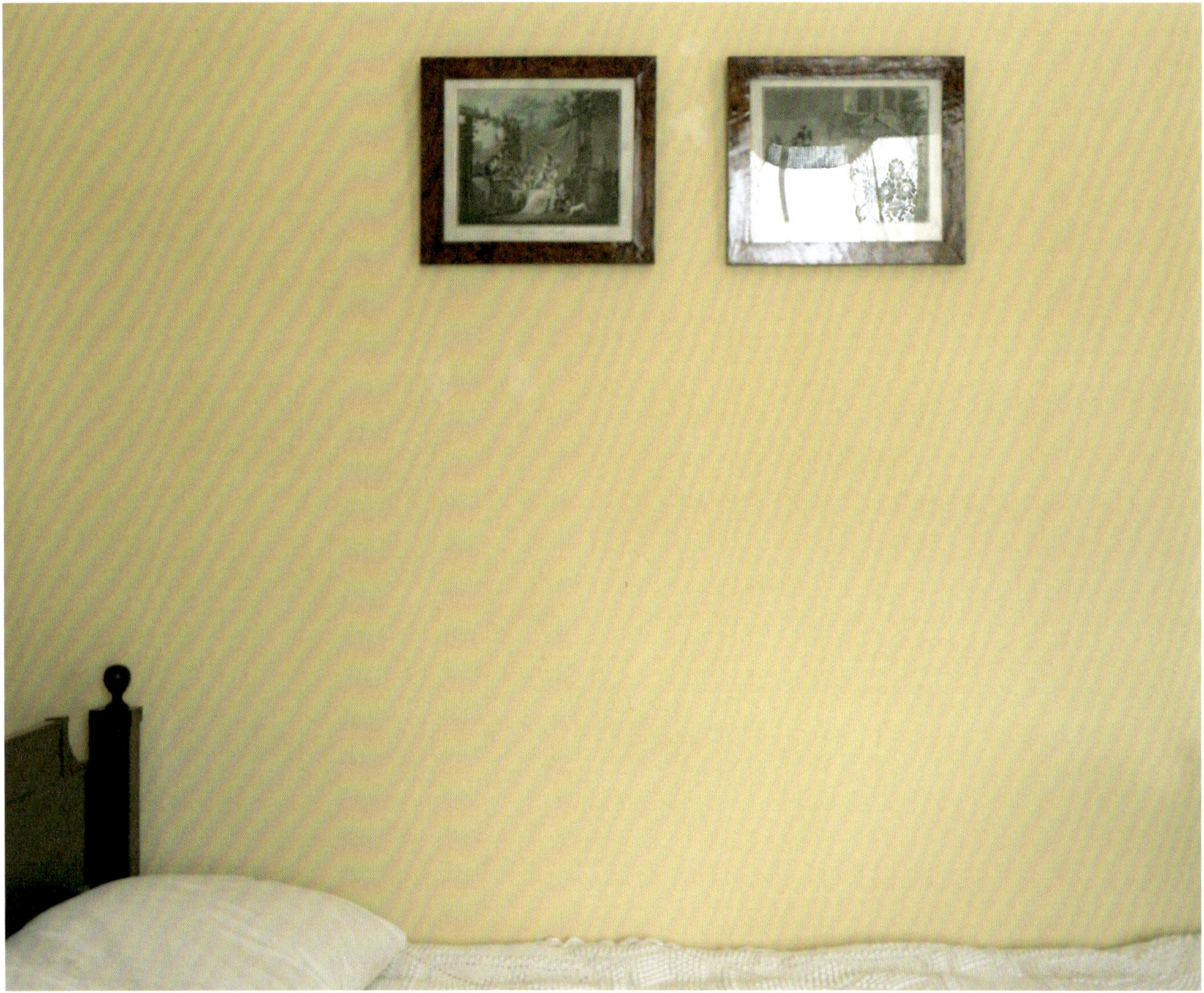

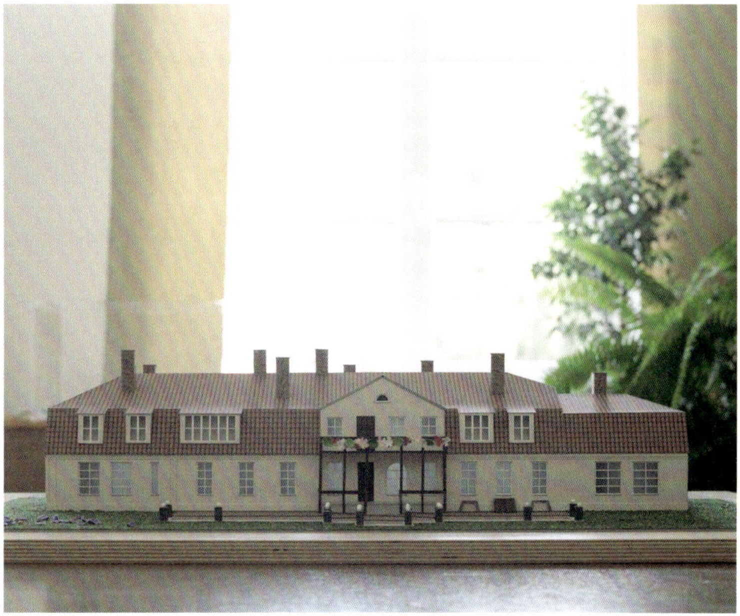

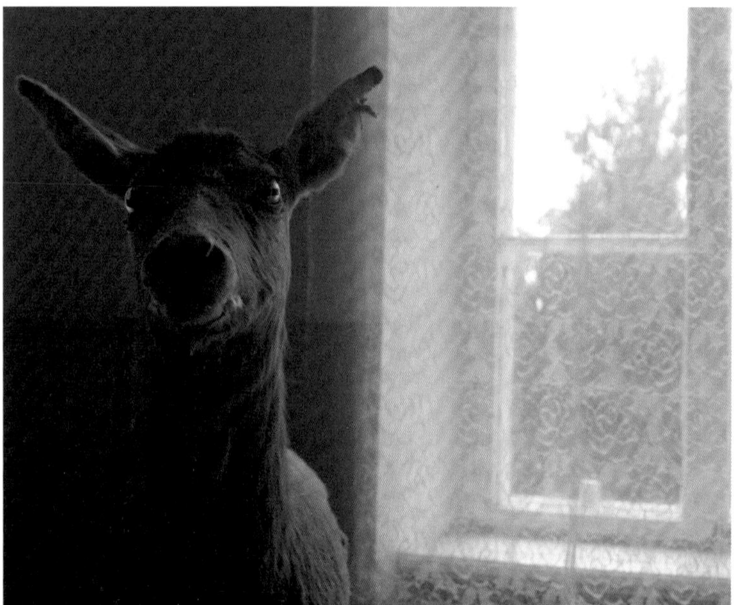

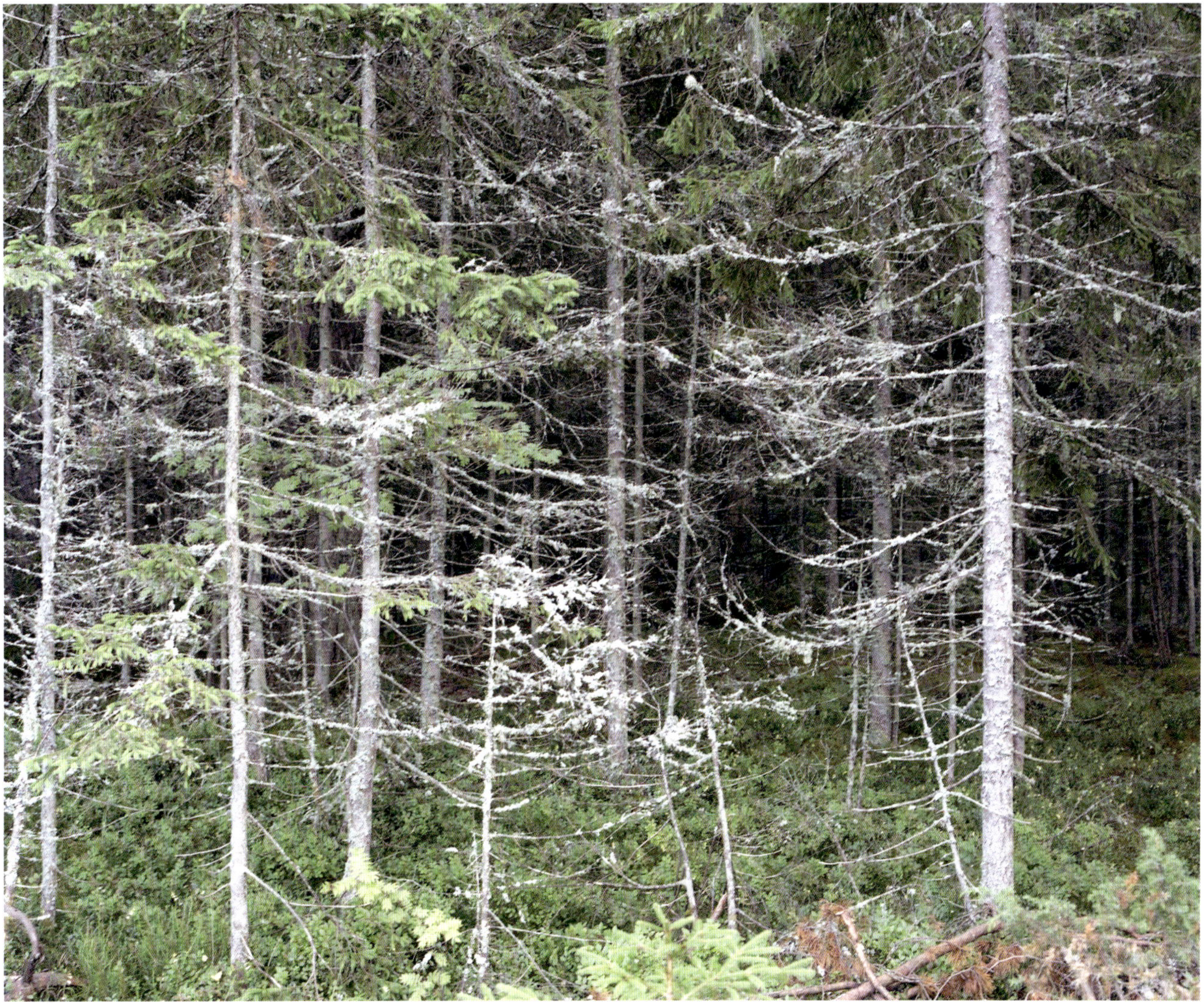

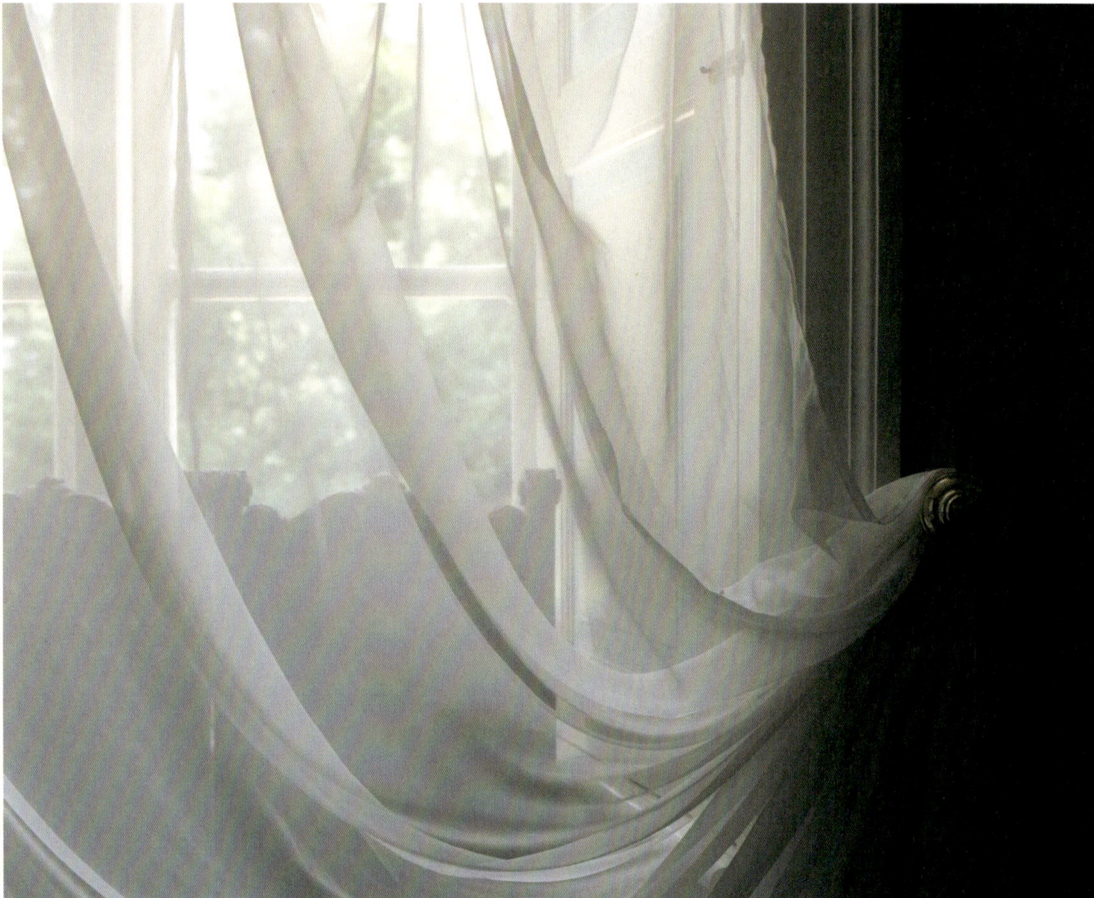

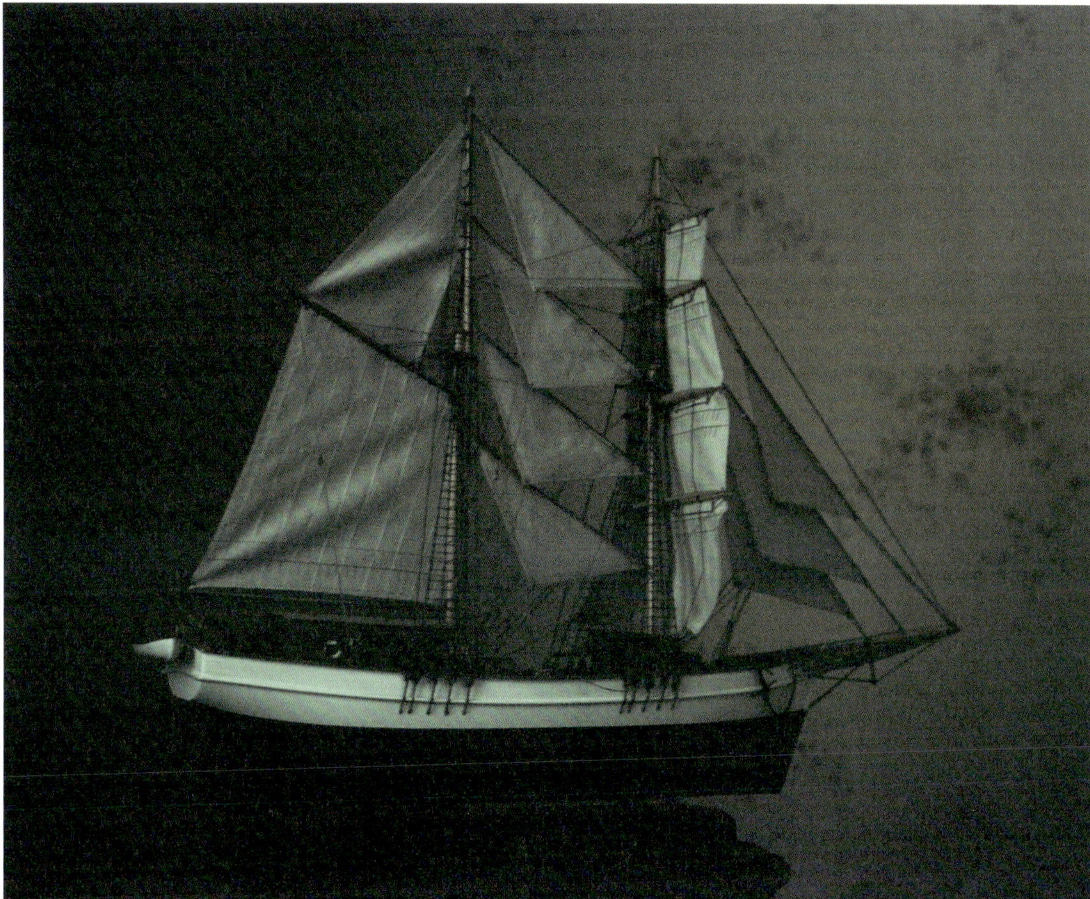

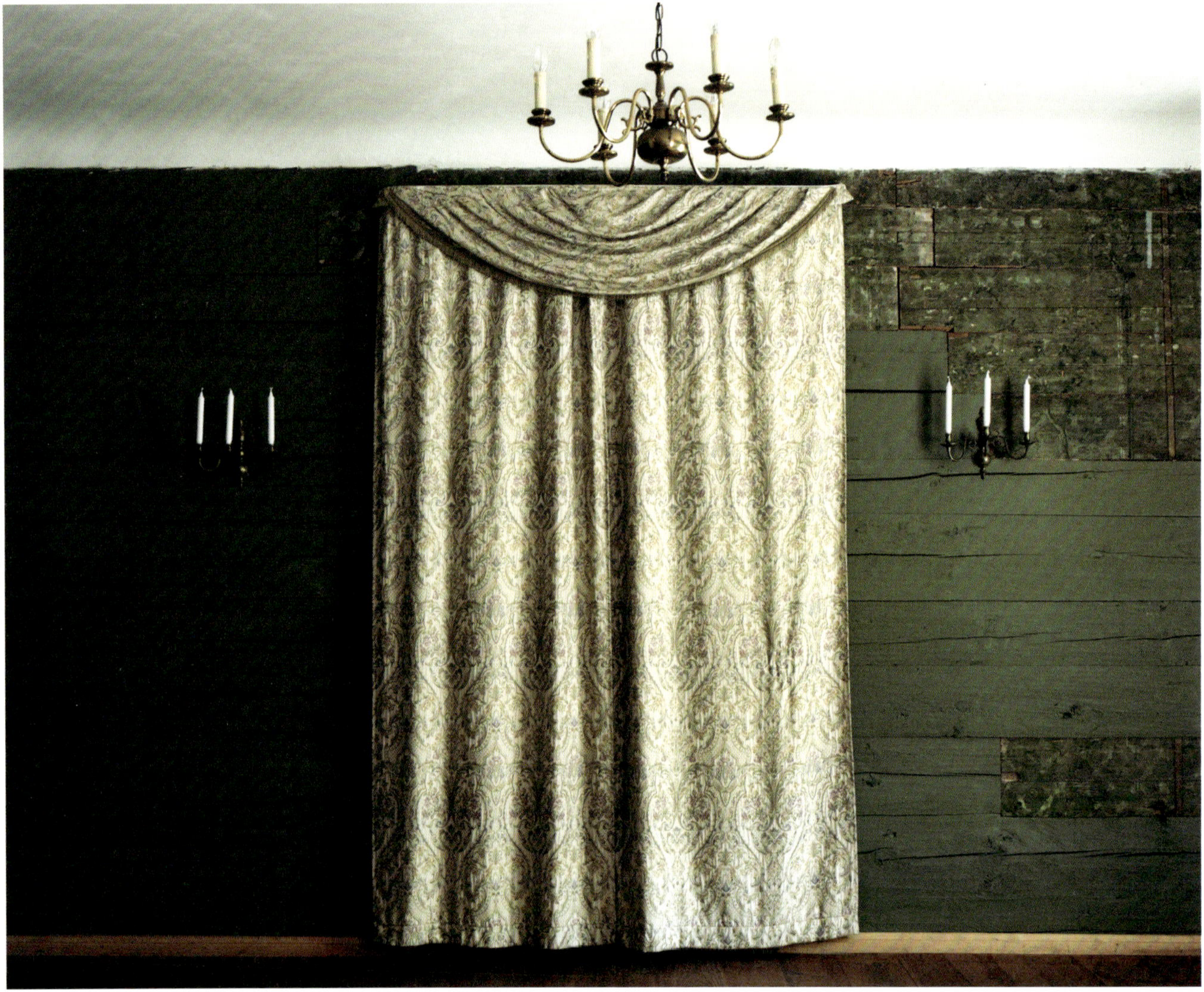

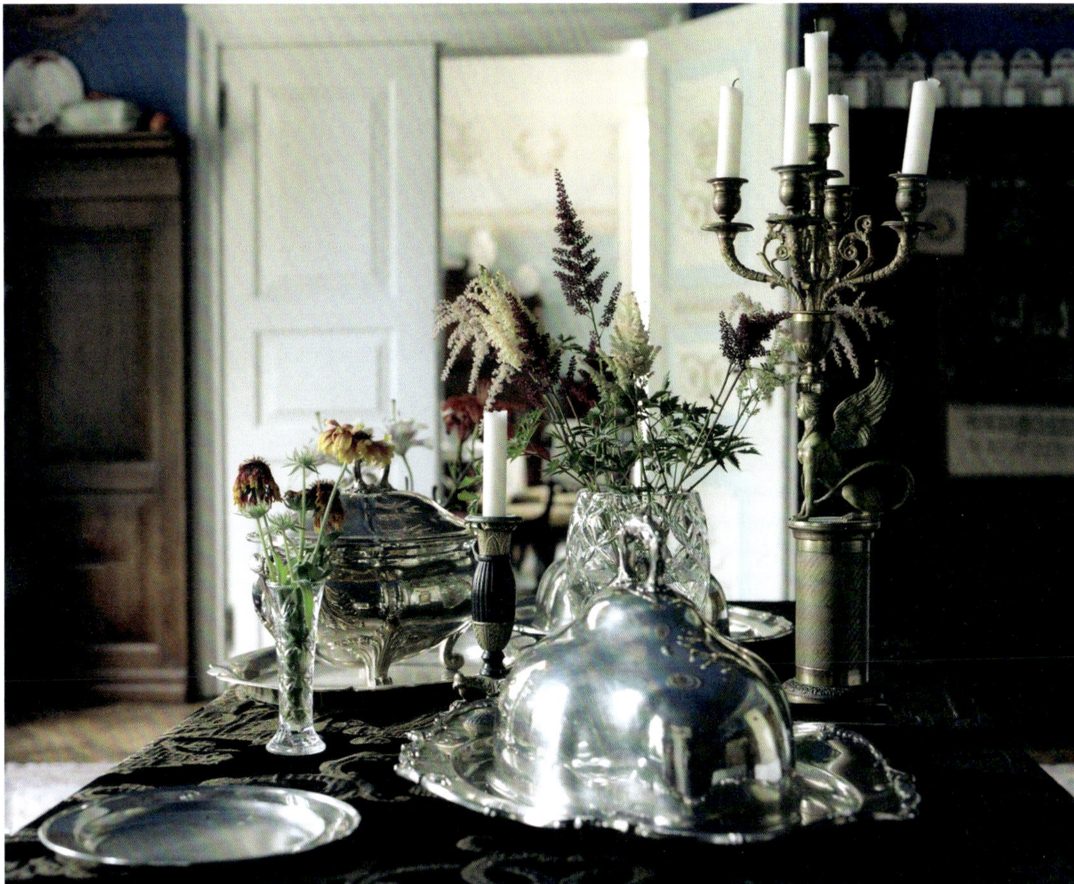

Pie lopu dzīšanas ganos nāk
Kõik mõisateenijate lapsed
aitavad loomi esimest korda
talkā visi kalpi un kalpones.
välja karjamaale ajada.
Nu ir jautrība kā pēc senas
Pärast on meil vana kombe
kohaselt lõbu laialt: me peidame
paražas: notiek rumulēšanās,
ja varitseme ja pritsime üksteist
veega. Mida rohkem vett, seda
lai govis vairāk pienu dotu!
rohkem hakkavad lehmad
Kāda līksmība un izpriecas!(3)
piima andma. Lõbusat möllu
ja kära on palju!(3)

All the farm boys and girls help to drive
Alle Hofjungen und Hofmädchen
the animals out for the first grazing.
helfen beim ersten Weidetrieb
der Tiere. Danach geht es bei
After that, we have a lot of fun with
einer alten Sitte sehr lustig zu: Wir
lauern einander auf und begießen
an old custom: we ambush each other
and throw lots of water over each other
uns ausgiebig mit Wasser, damit die
so that the cows will give much milk!
Kühe tüchtig Milch geben! Was für
What merry yelling and shouting!(3)
ein lustiges Raufen und Geschrei!(3)

See hiigelsuur plaadil küpsetatud

Gandrīz tikpat skaists kā dāvanas

sünnipäevakringel on peaaegu

ir lielais dzimšanas dienas

kliņģeris uz paplātes: tā

gredzenos ir saliktas sveces.

sama tore, kui kõik mu kingitused.

Kringlikeerdude sees on küünlad,

Šogad man jau desmit svecīšu!

neid on minu jaoks sel aastal

Visa māja smaržo pēc safrāna,

kümme! Terve maja on täis safrani,

mandlite ja rosinate lõhna!

mandelēm un rozīnēm!(4)

Fast so schön wie die Geschenke

Almost as beautiful as the presents

is the huge ring-shaped birthday

ist der riesige Geburtstags-

cake from the baking tin: there

kringel vom Blech: Kerzen

stehen in seinen Öffnungen.

are candles in its folds.

Zehn Kerzen sind es in diesem

There are ten candles for me this

Jahr für mich! Das ganze

year! The whole house smells

Haus riecht nach Safran, Mandeln

of saffron, almonds and raisins!

und Rosinen!(4)

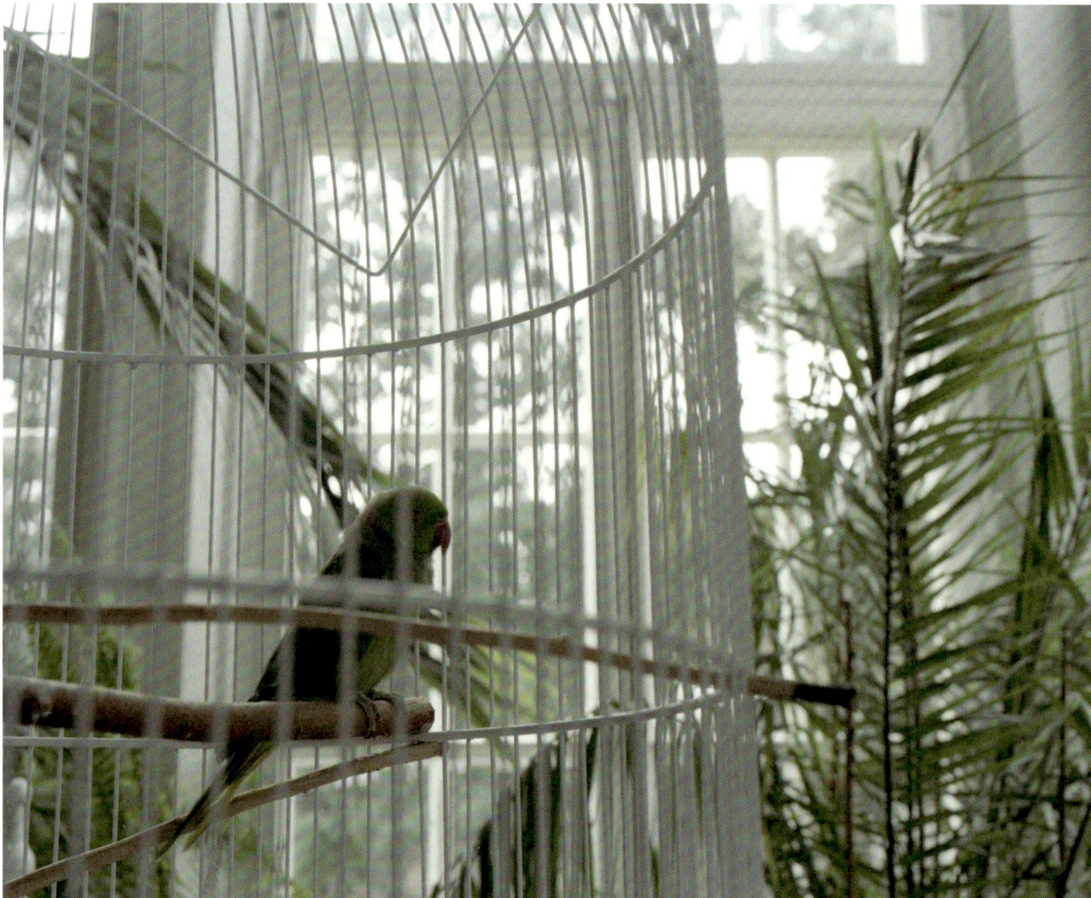

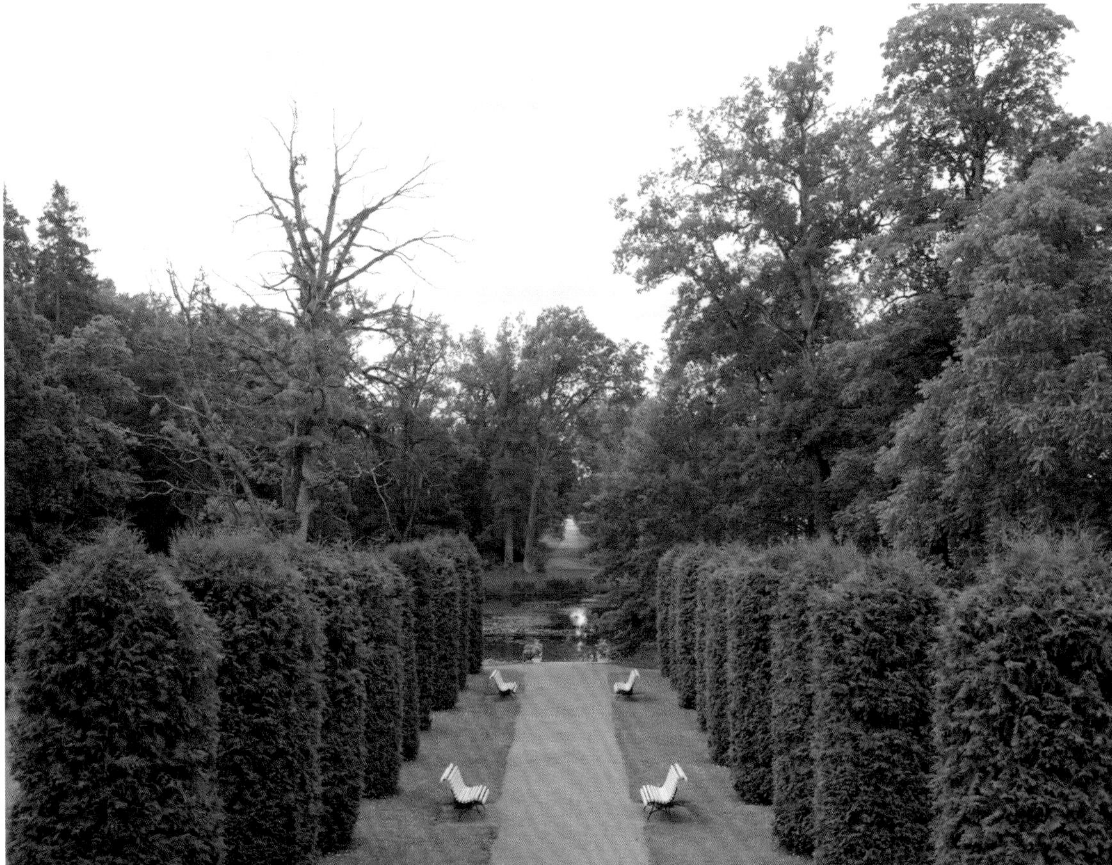

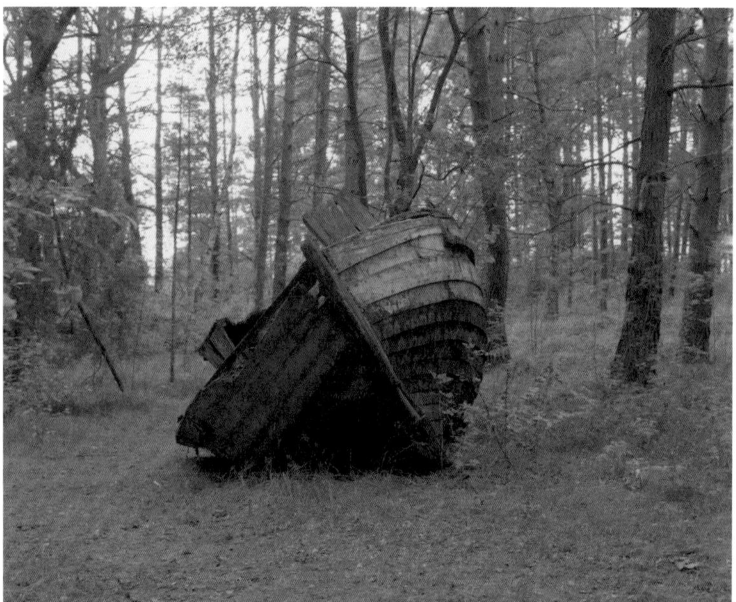

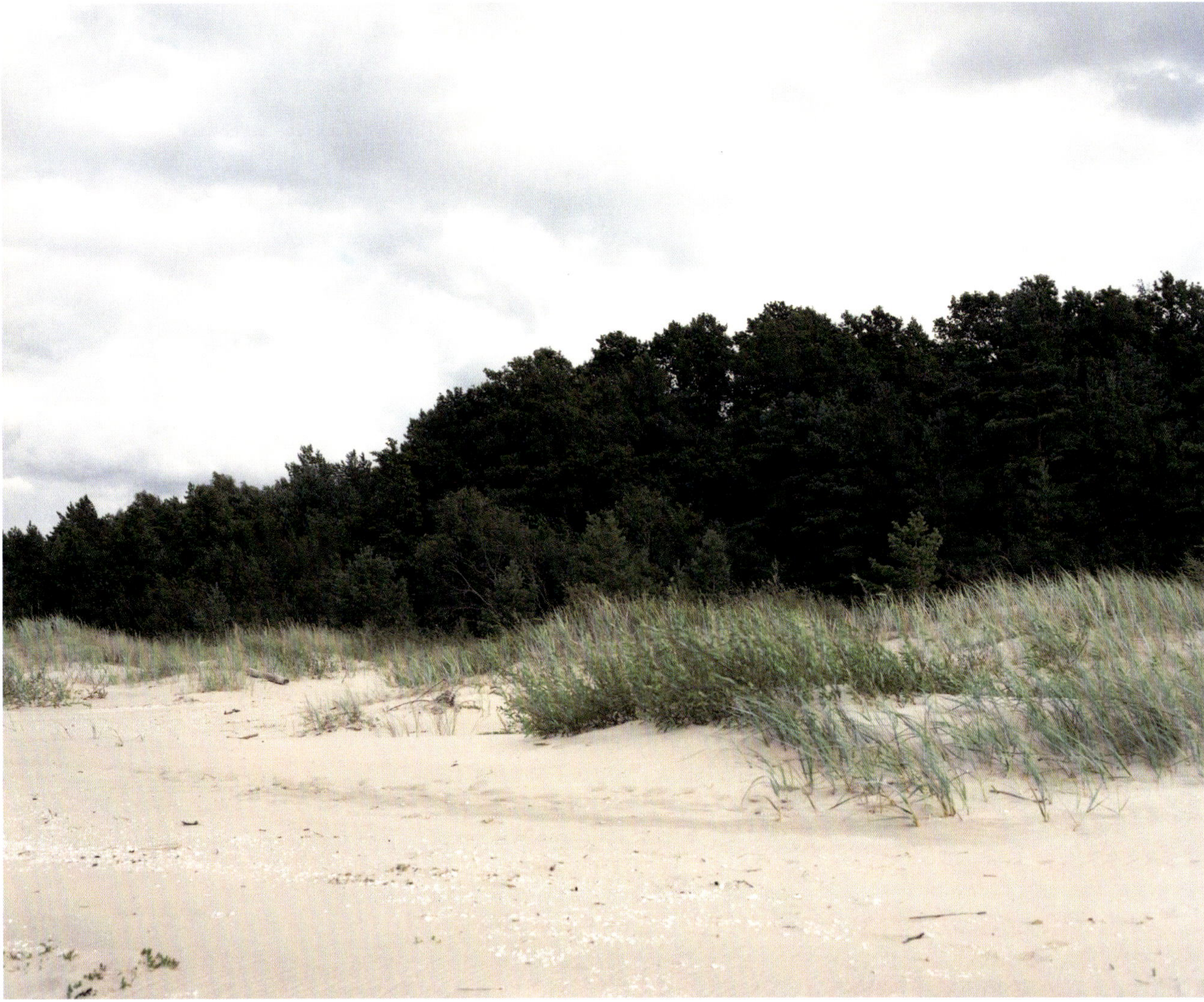

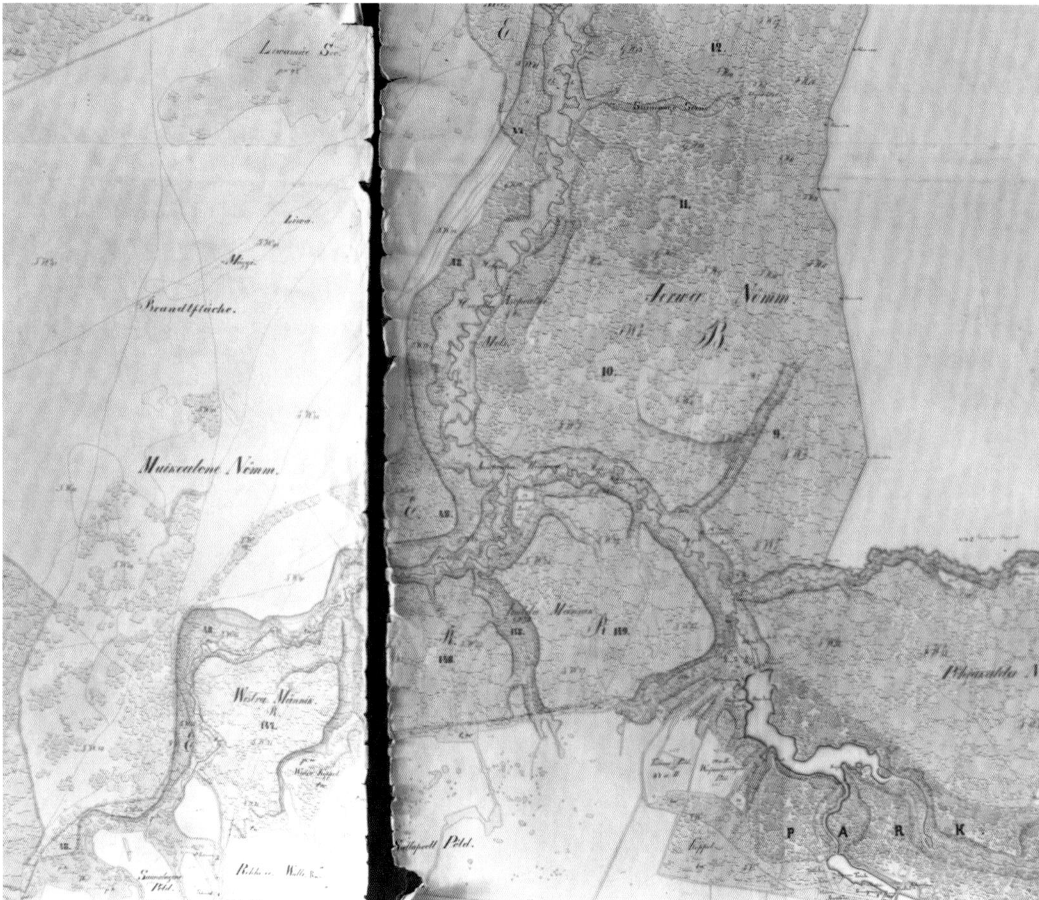

Brandtfläche.
Muixcalene Nemm.
Westra Männis
Leewa Nemm
P A R K

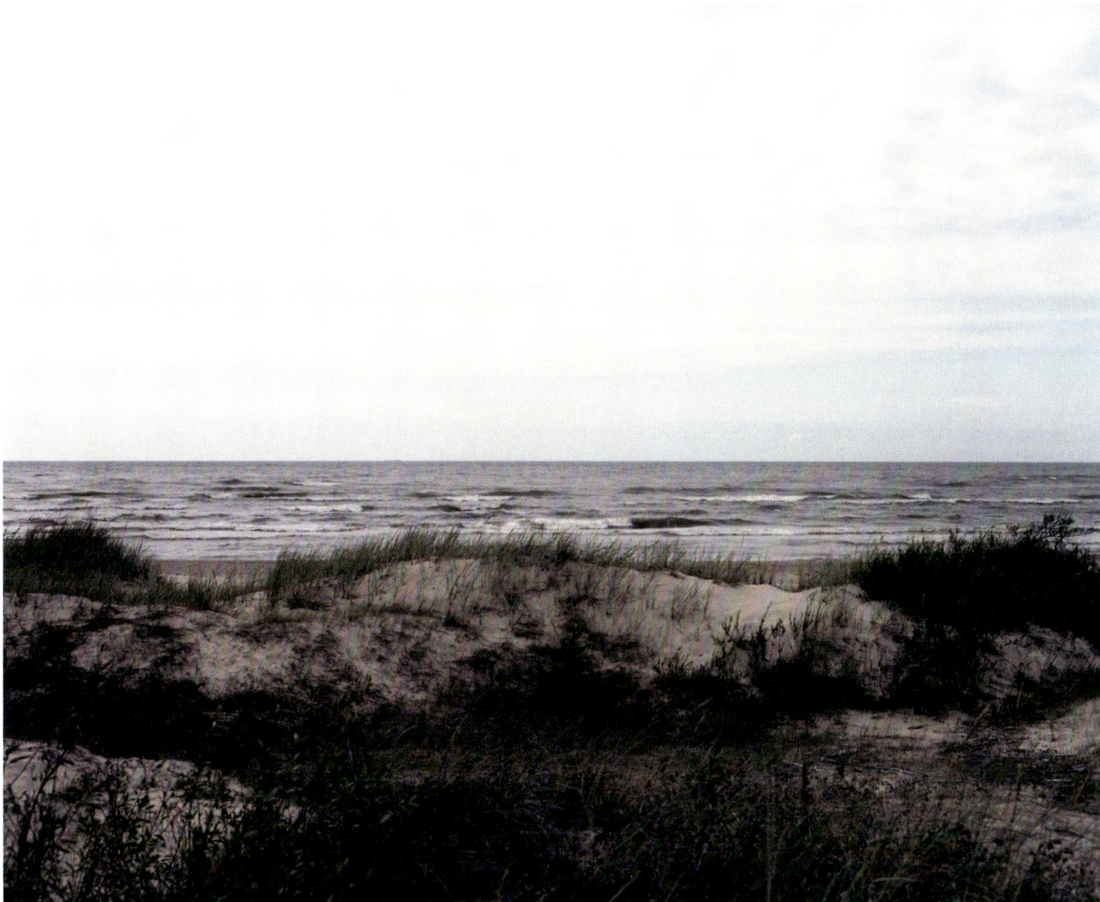

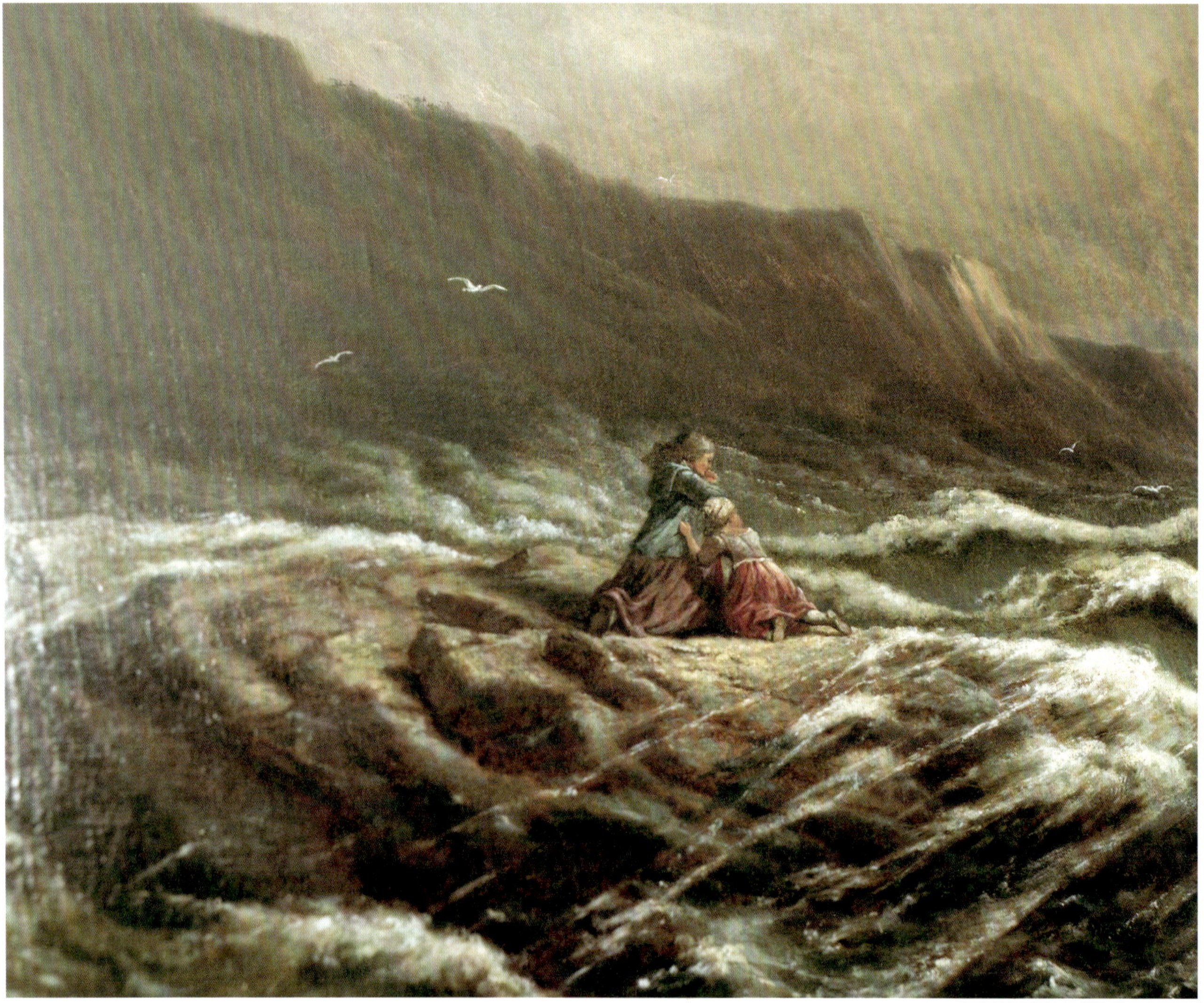

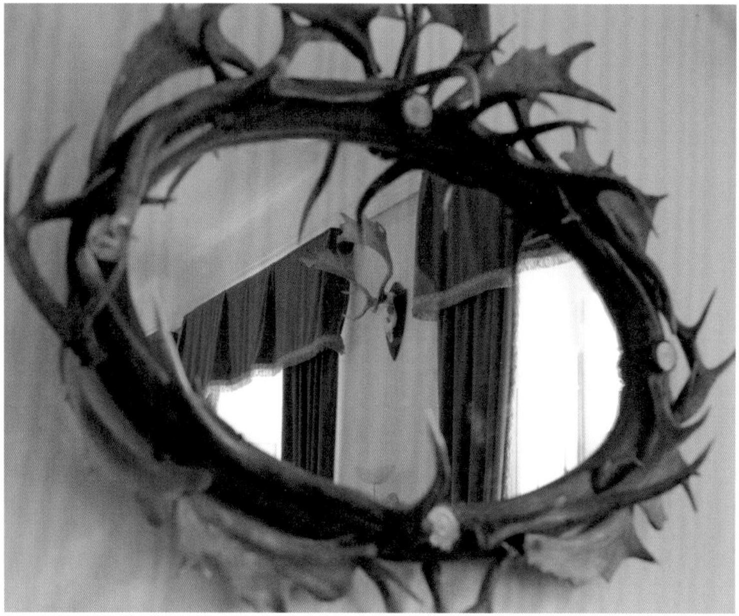

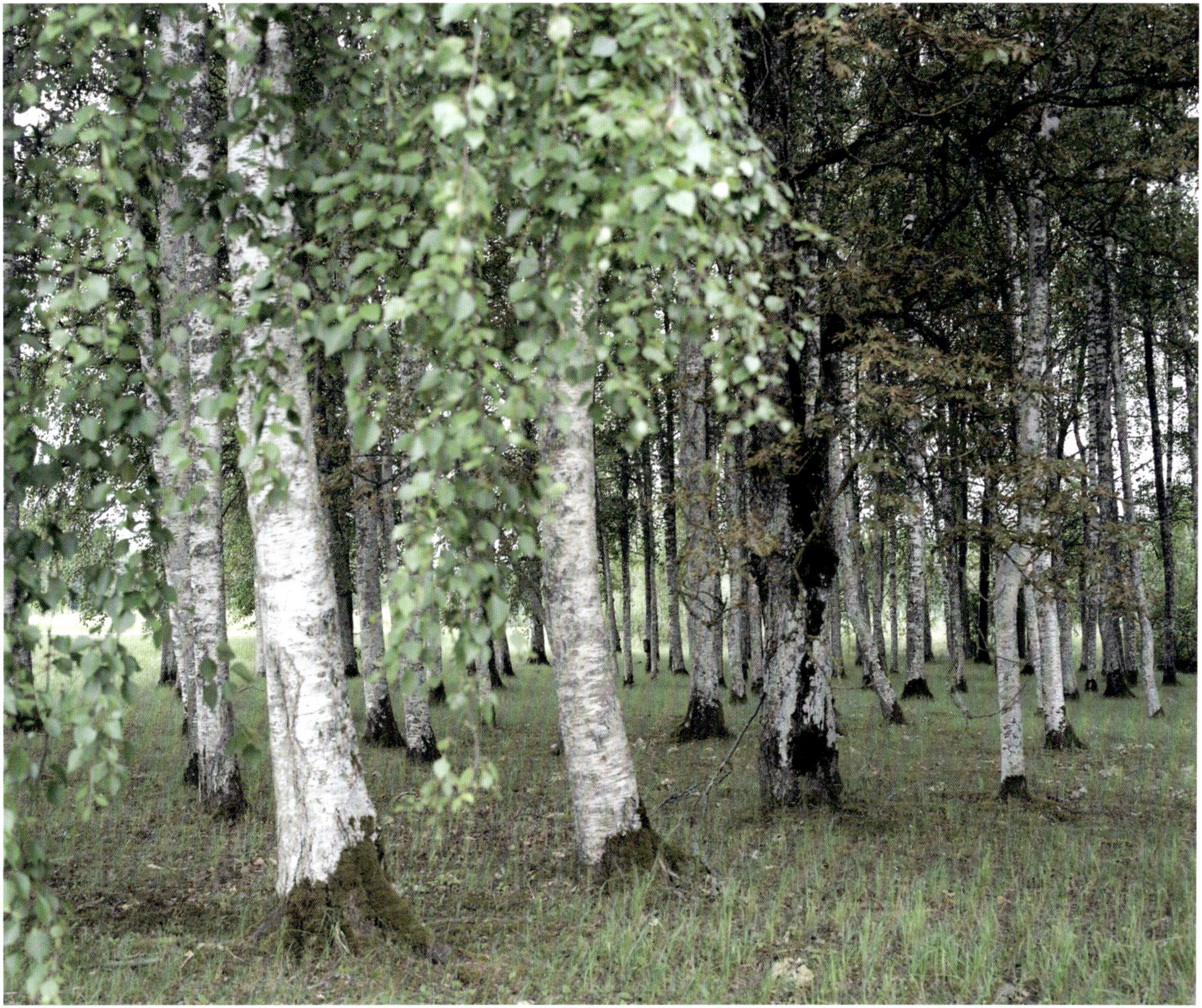

Esam mežā, ogojam.
Siin oleme metsas marju korjamas.
Ogojot dziedam, lai atliktu
ogas vārīšanai. Tikai, kad
Me peame korjates laulma, et rohkem
baronese paskatās projām,
marju moosiks jääks, mitte suhu ei
läheks. Näksida julgen ainult siis,
kui paruniproua kõrvale vaatab.
es našķējos. Mani lielāko-
ties slavē par paklausī bu,
Enamasti saan ma kiita, et ei
ka nenašķējos ar ogām.(5)
söö marju ja olen kuulekas.(5)

Wir sind zur Beerenlese im Wald.
We are in the forest for the berry
Dabei müssen wir alle singen,
damit mehr Beeren zum
harvest. We have to sing so that
Kochen bleiben. Nur, wenn die
there are more berries left over for
cooking. It's just that, when the
Baronin in die andere Richtung
Baroness looks the other way, I pinch
schaut, nasche ich. Meistens
werde ich für meine Folgsamkeit
some. Mostly, I'm praised for my
obedience in not pinching berries.(5)
gelobt, keine Beeren zu naschen.(5)

Seenelkäik on meie jaoks suur
rõõm. Metsas on tihe sammal,
Lielu prieku mums sagādā sēņošana.
me astume nagu paksu vaiba
Mežs klāts ar biezu sūnu kārtu un
mēs ejam kā pa paklāju.
sees. Siin on violetse varjundiga
Šeit sastopamas garāk augošās
kõrgemakasvuline sammal,
seal hall kohev põdrasammal
violeti mirdzošās sūnas, gan arī
ja veel palju teisi erinevaid
pelēkie, viļnveidīgie ķērpji.(6)
toone andvaid samblaid.

Mushroom gathering is one of our
Eine große Freude für uns sind
die Pilzfahrten. Der Waldboden
great pleasures. The forest floor is
ist mit dichtem Moos bedeckt
covered in thick moss, and for us
it's like walking on carpets. There
und wir gehen wie auf Teppichen.
is violet shimmering moss, which
Da gibt es violett schimmerndes
Moos, das etwas höher wächst,
grows a bit higher, then grey
dann graues welliges Rentiermoos
wavy reindeer moss and many other
und viel anderes leuchtendes Moos.(6)
types of glowing moss.

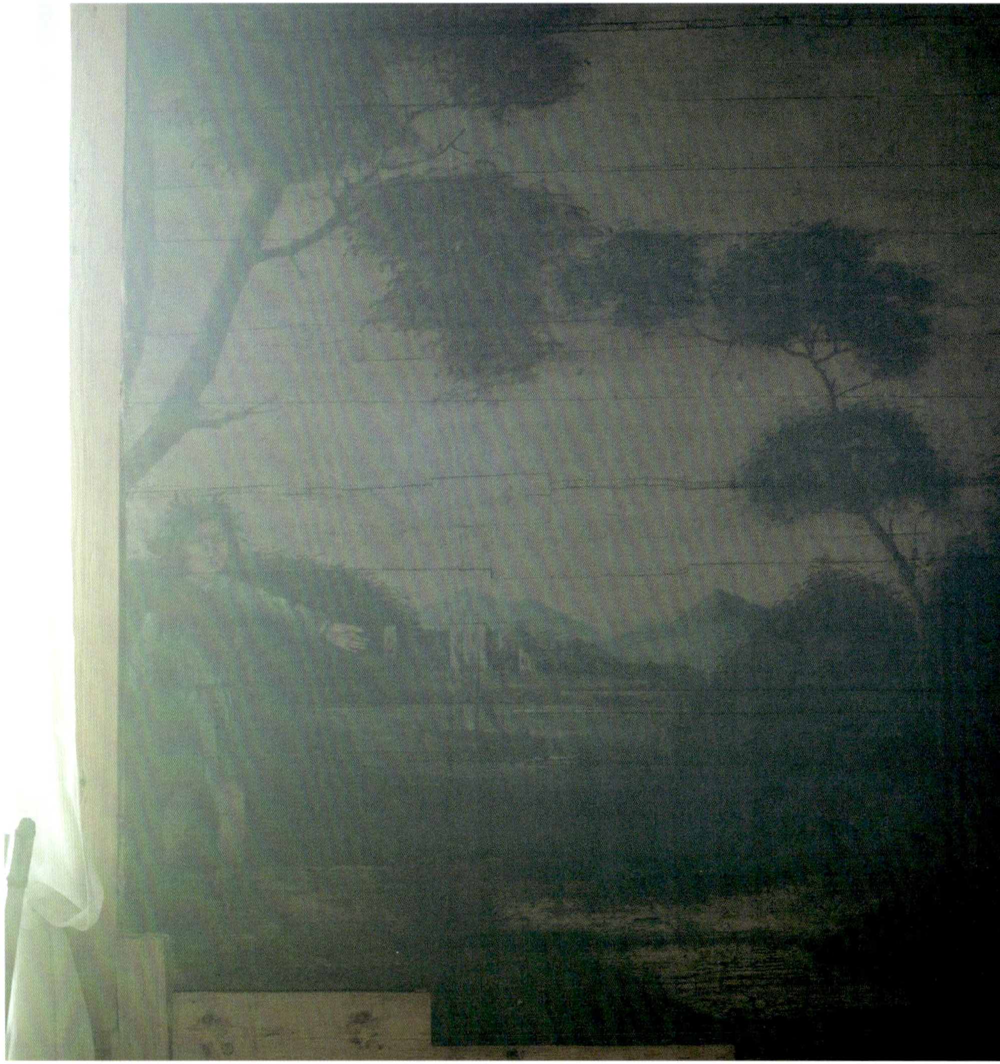

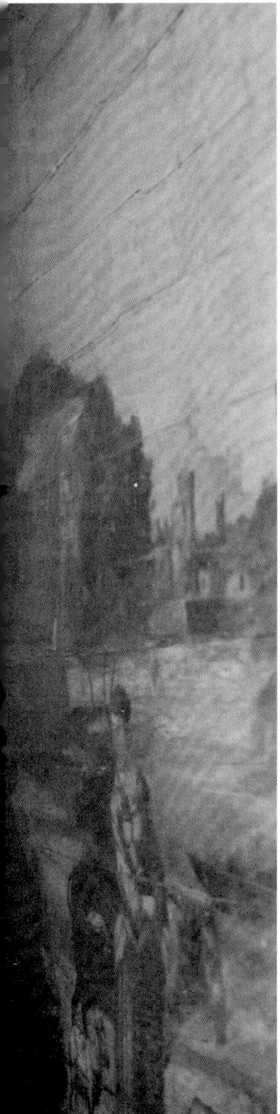

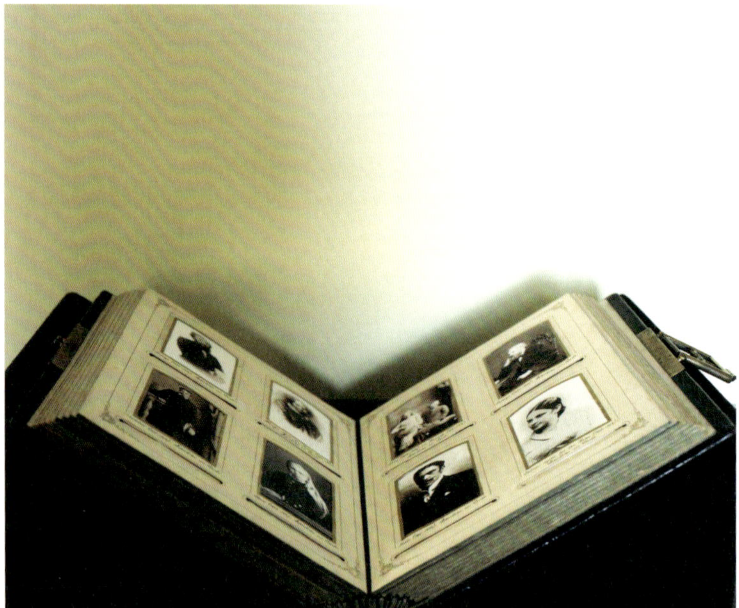

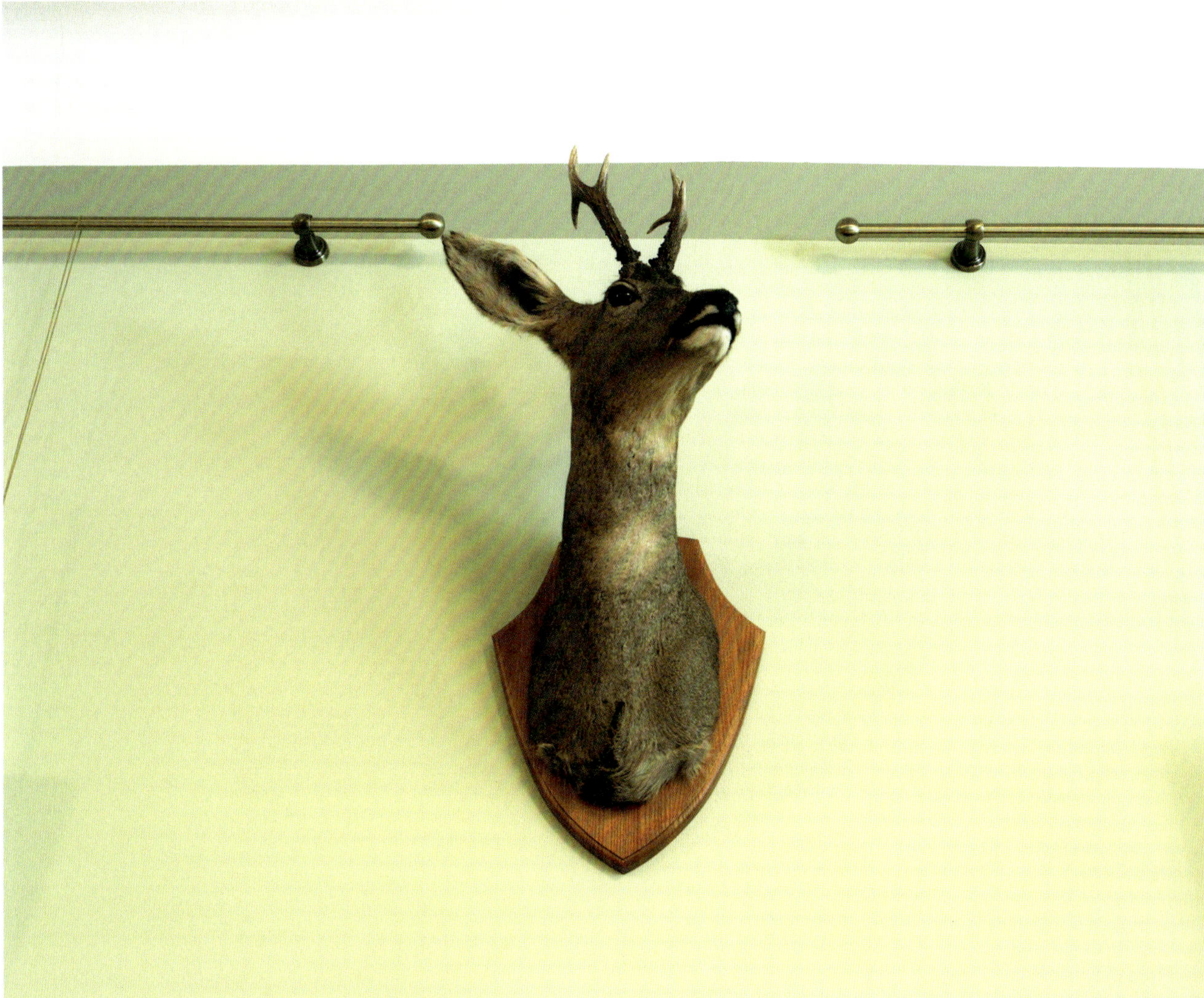

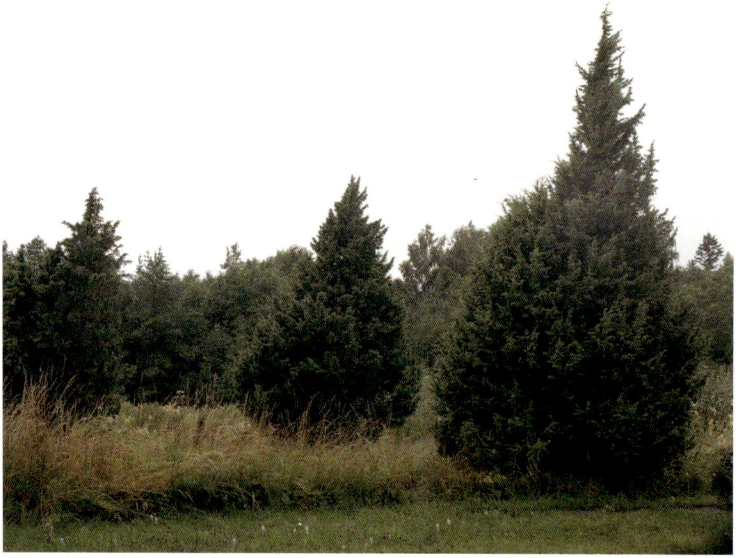

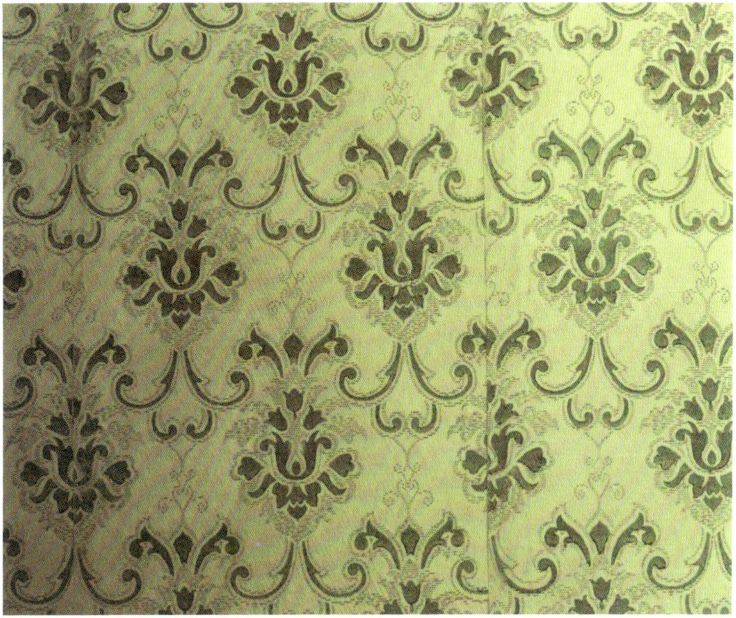

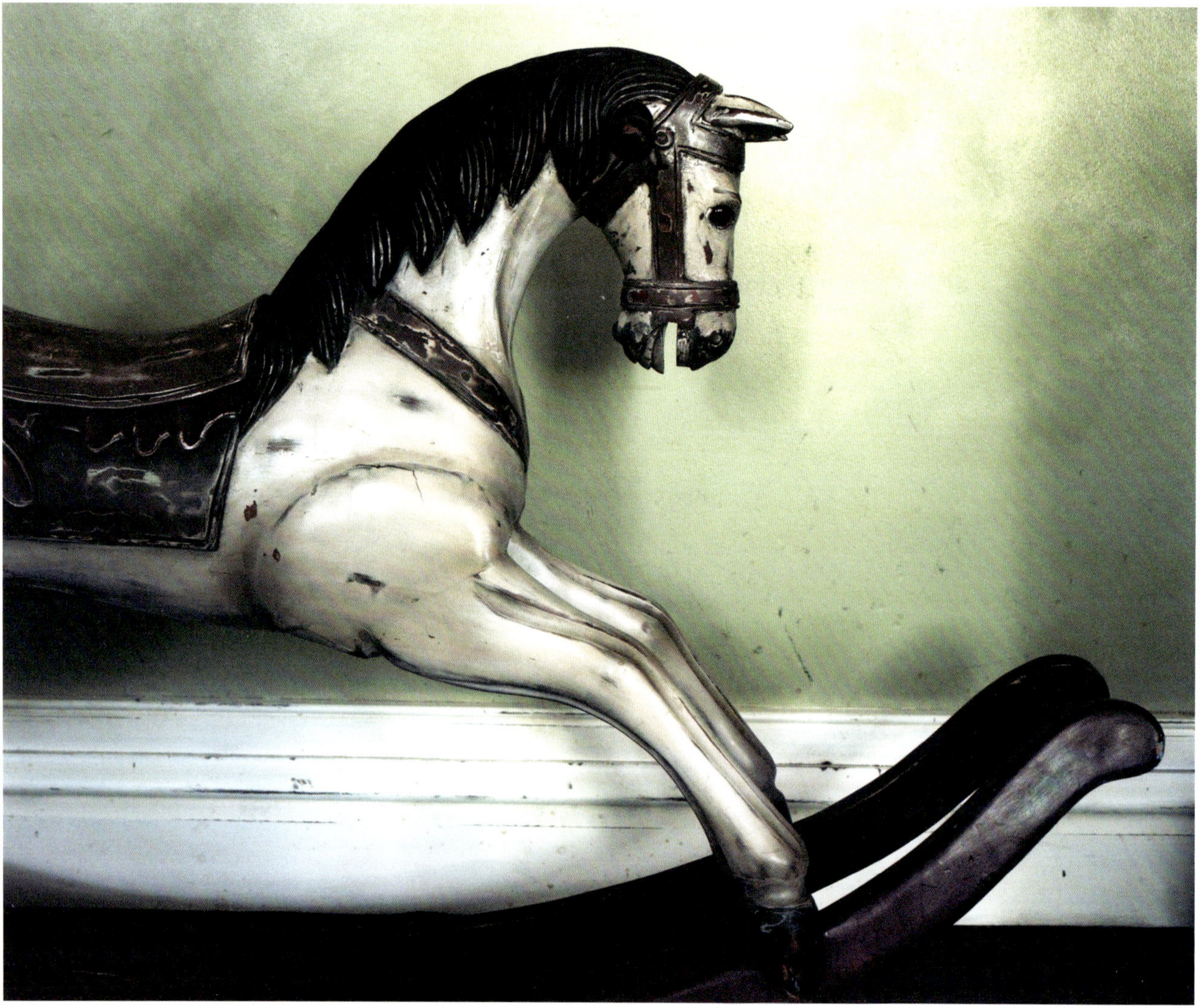

Isa sõitis kodust ära ja meie teeme
Mūsu tēvs ir izbraucis un mēs bērni
nüüd pööningul maskeraadi.
bēniņos rīkojam masku balli.
Suurtes kappides on pleekinud
peoriided, pannaldega kingad,
Lie lajos skapjos ir izbalējušas
kleitas, kurpes ar sprādzēm,
parukad ja tolmunud mirdipärjad.
parūkas un noputējuši miršu vainagi.
Kas par aizraujošu aizliegto spēli!(7)
Mis tore keelatud mäng!

Unser Vater ist ausgefahren und wir
Kinder machen Maskerade auf dem
Our father has gone out and we
Dachboden. In den großen Schränken
children play at masquerades in the
sind verblichene Hofkleider, Schnallen-
schuhe, Perücken und verstaubte
attic. In the large closets are faded
court dresses, buckle shoes, wigs
Myrtenkränze. Welch ein herrliches
and dusty myrtle wreaths. What a
verbotenes Spiel!(7)
wonderful forbidden game!

Trīs nedēļas līst un līst. Mēs ganu
Sajab ja sajab juba kolmandat nädalat.
meitenes, ganot uz lauka govis un teļus,
Meil, karjatüdrukutel, on rätikud
esam satinušās drānās un kā lietussargu
uzvilkušas mugurā un pāri galvai
ümber ja vihmakaitseks veel teinegi
otrus svārkus. Mūsu kājas un pastalas
pihtseelik üle pea ja selja. Jalad
on põlvini läbimärjad.(8)
ir pilnībā slapjas.(8)

It has been raining and raining for
Seit drei Wochen regnet und
three weeks. We herdgirls in the fields
regnet es. Wir Hütermädchen
with the cows and calves are wrapped
in shawls and wear a second pinafore
auf dem Feld bei den Kühen und
Kälbern sind in Tücher gehüllt und
dress over our heads and backs as
tragen als Regenschutz einen zweiten
Kleiderrock über Kopf und Rücken.
protection against the rain. Our feet
Unsere Füße und Waden sind
and calves are soaking wet.(8)
patschnass.(8)

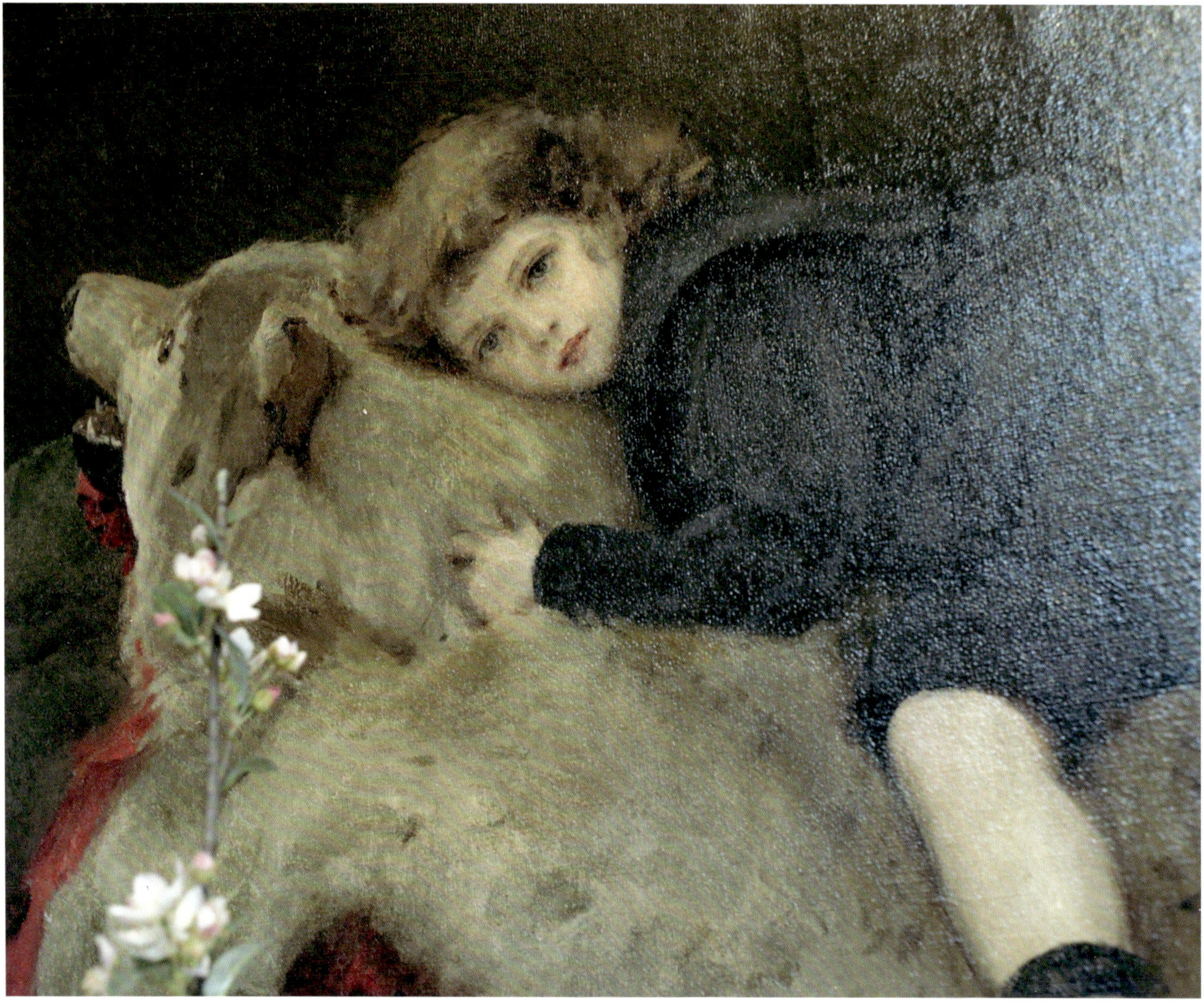

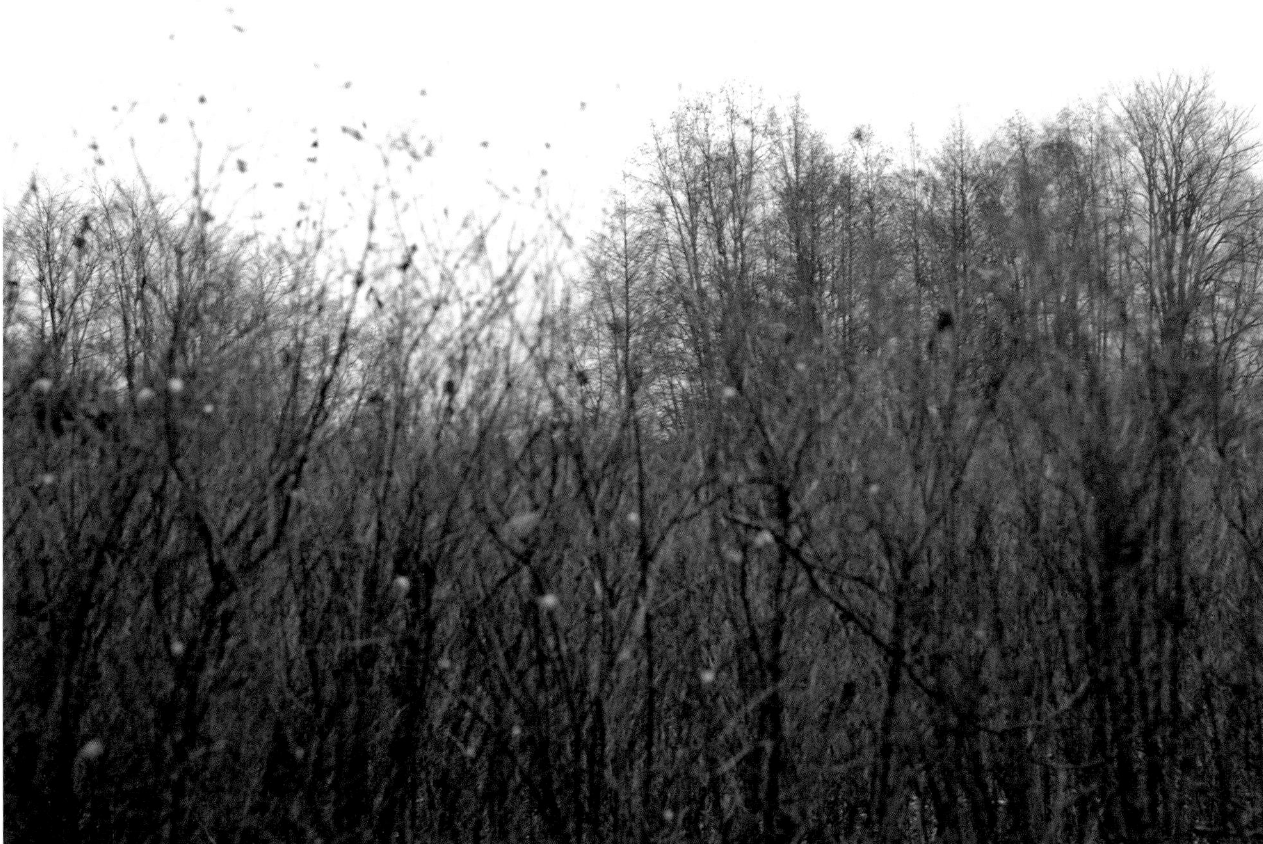

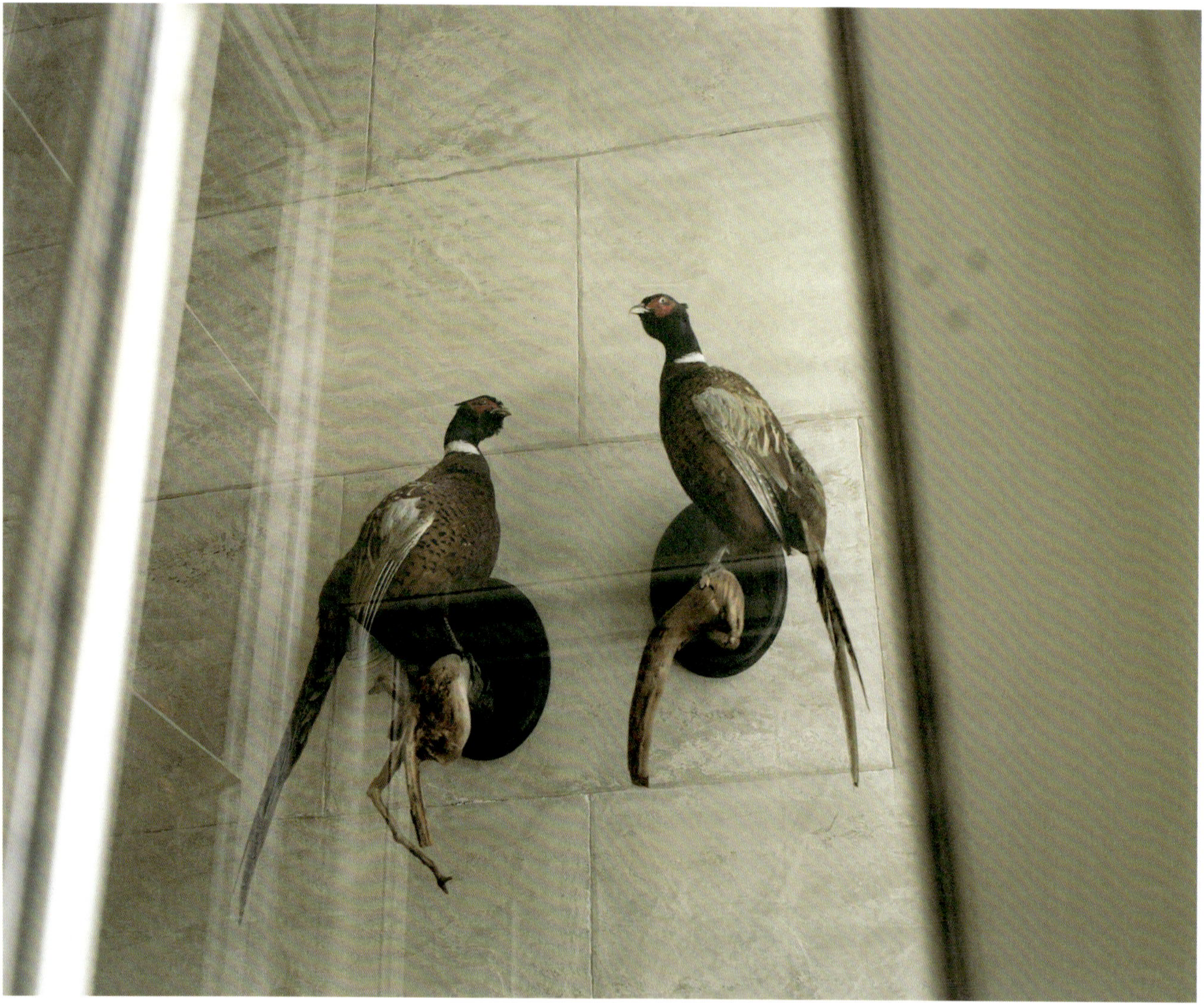

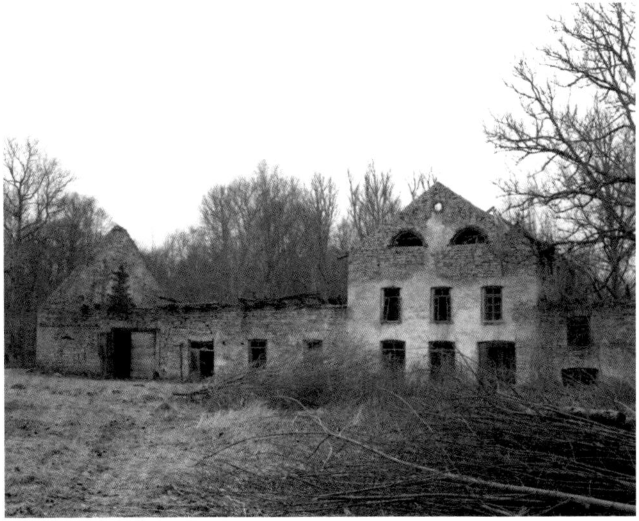

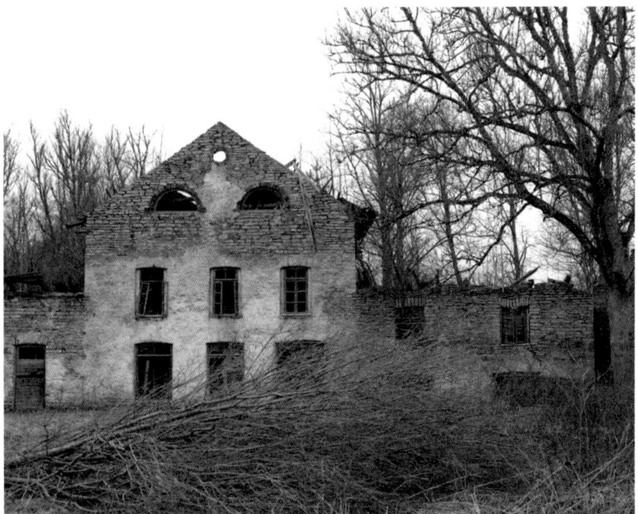

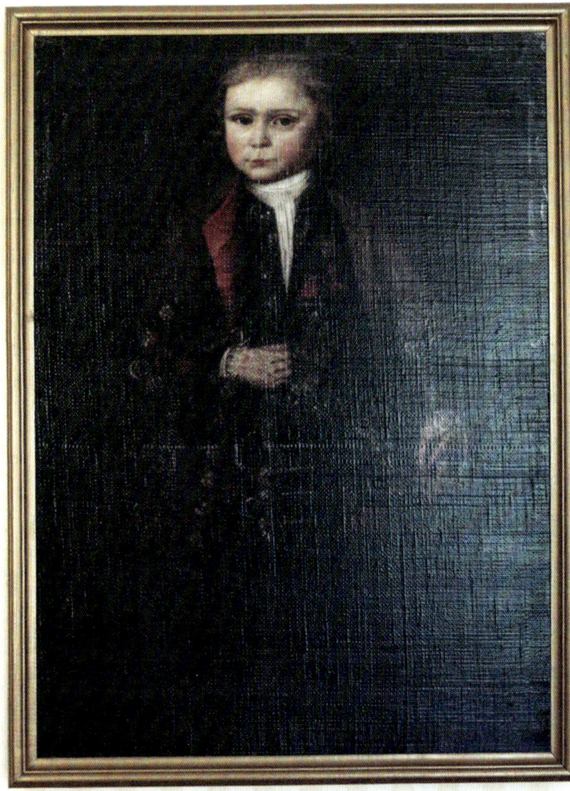

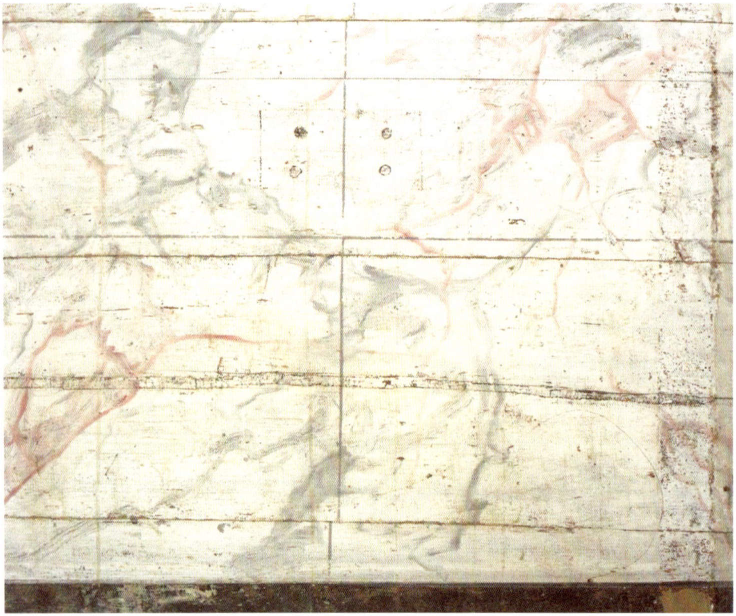

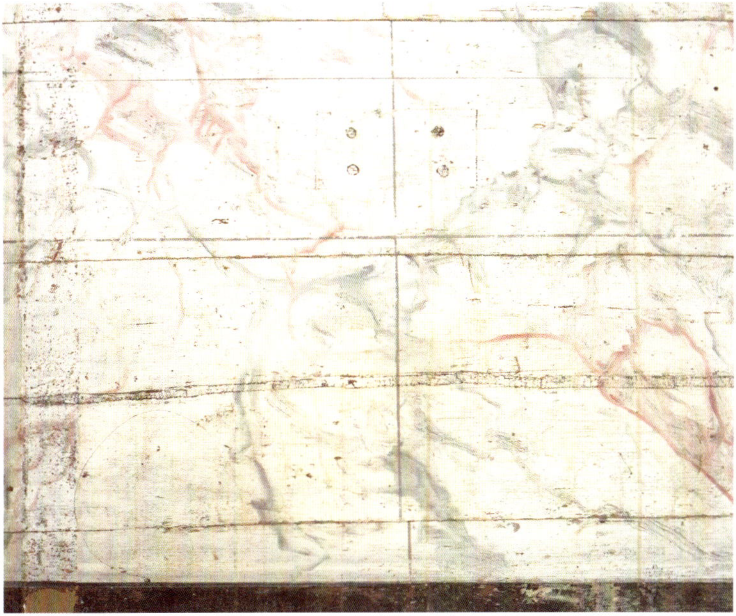

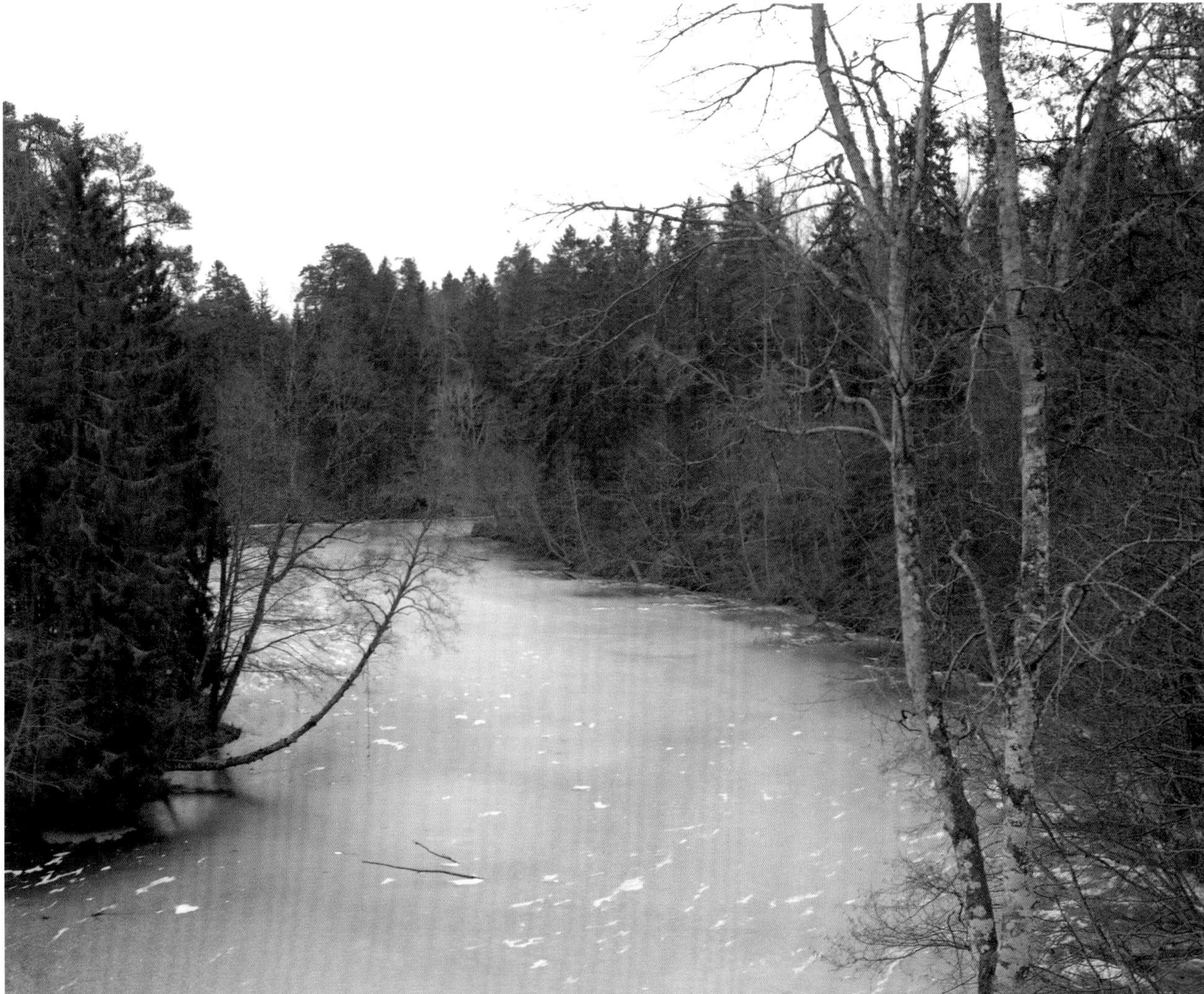

Ziemas vakaros kalpoņu istabā
Talvel istun ma igal õhtul tüdrukute
vērpju vilnu kungu audumiem.
No gaismojošām priežu pagalēm
toas ja ketran villa lõngaks. Sellest
istaba ir mežonīgi piekarsusi un
tehakse härrasrahvale riideid.
piekvēpusi. Mēs dziedam un stāstām
Töö käib männipeergude valgel,
sellepärast on siin kohutavalt
pasakas, kamēr visi 15 vērpjam
palav ja suitsune. Me laulame
ie ratiņi čakli darbojas.[9]
ja jutustame muinasjutte,
saateks 15 vokiratta vurin.[9]

In winter, I'm in the girls' chamber every
Im Winter bin ich jeden Abend in
evening, spinning wool for the fabrics
der Mädchenkammer und spinne die
for the masters' clothes. It's terribly hot
Wolle für die Stoffe der Herrschaft.
and smelly here because of the light from
Hier ist es wegen des Lichtes von Kie-
fernklötzen fürchterlich heiß und
the pine chips. We sing and tell fairy tales
qualmig. Wir singen und erzählen Märchen
while the fifteen spinning wheels purr.[9]
während die 15 Spinnrocken schnurren.[9]

Augstajām dzīvojamajām istabām ir
daudzi lieli logi un visas durvis ir
Kõrgetes eluruumides on palju
atvērtas. Pieaugušie salonā pie kamīna
suuri aknaid ja kõik tiibuksed
ēd kūku un dzer pēcpusdienas tēju.
on lahti. Täiskasvanud istuvad
salongis kamina ees koogi ja
Mēs bērni esam ērti iekārtojušies
teega, aga meil on mõnus olla
uz lūšādas. Tai ir īsta izbāzta galva.(10)
ilvesenaha peal. Sellel on tõeline
pea, muidugi täis topitud.

The high living rooms have many large
Die hohen Wohnräume haben viele
windows, and all the double doors are
große Fenster und alle Flügeltüren
open. The adults sit in the parlour with
sind offen. Die Erwachsenen sitzen
cakes and tea by the fireplace. We
im Salon bei Kuchen und Tee
children have made ourselves com-
am Kamin. Wir Kinder haben es uns
auf dem Luchsfell gemütlich
fortable on the lynx skin. It has
gemacht. Es hat einen richtigen
a real stuffed head.
ausgestopften Kopf.(10)

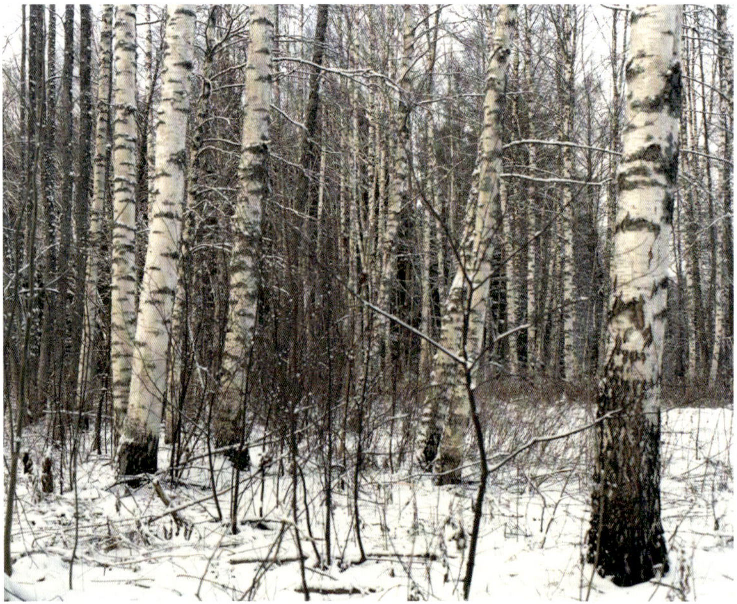

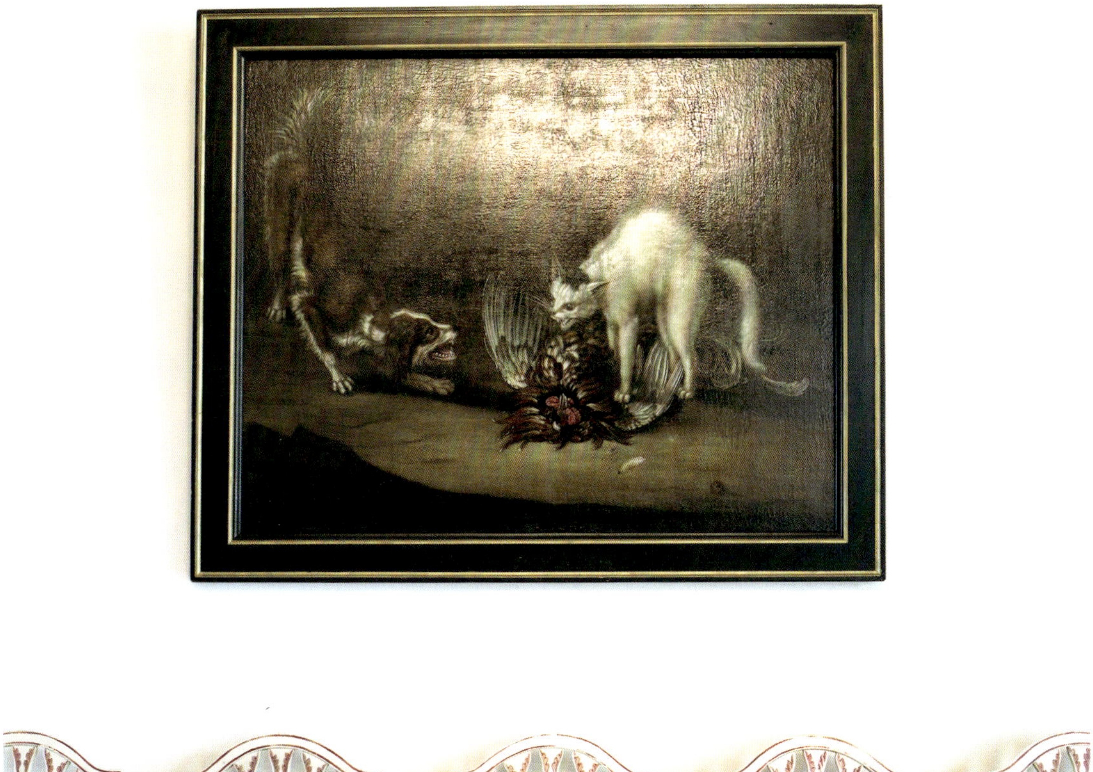

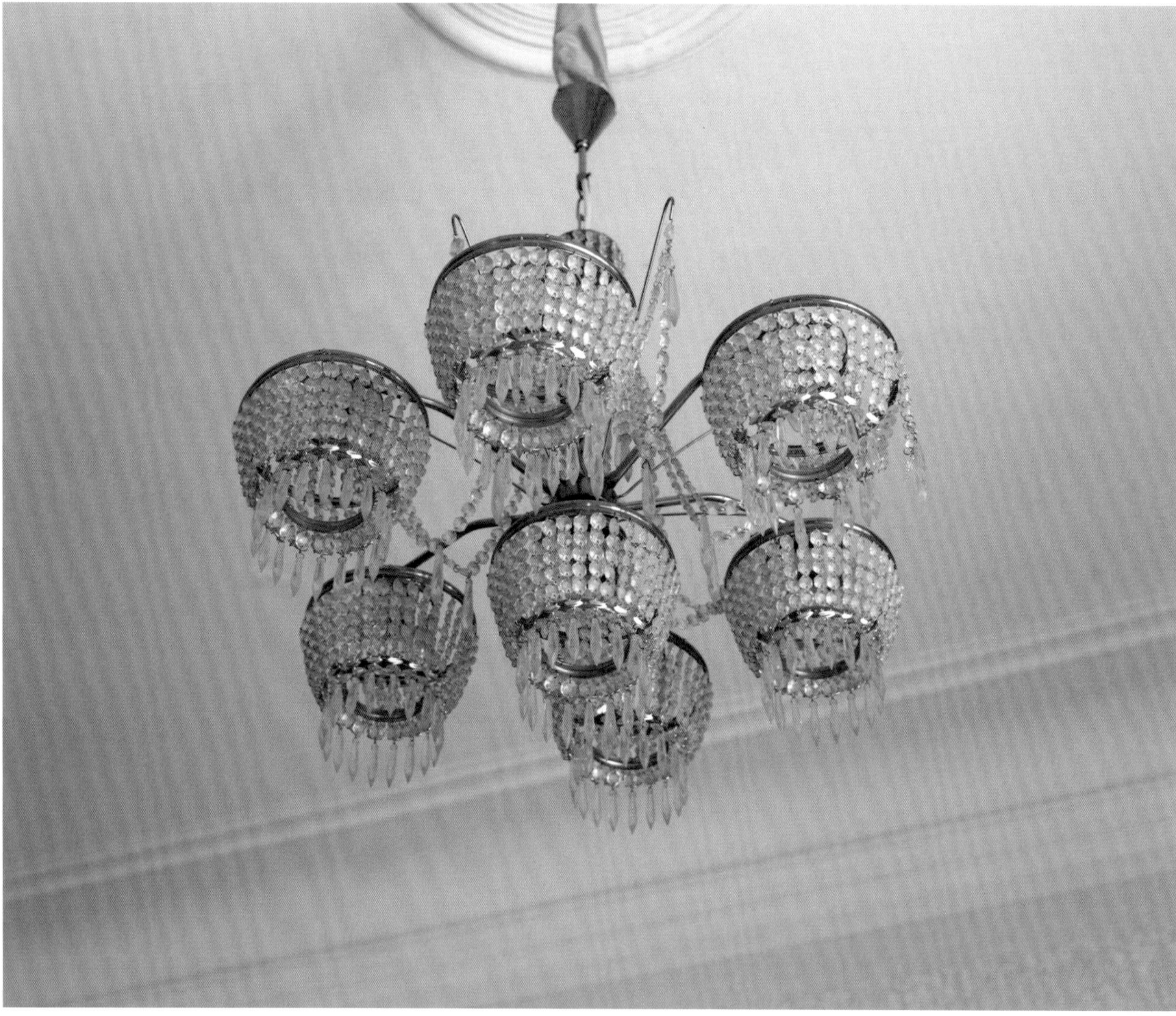

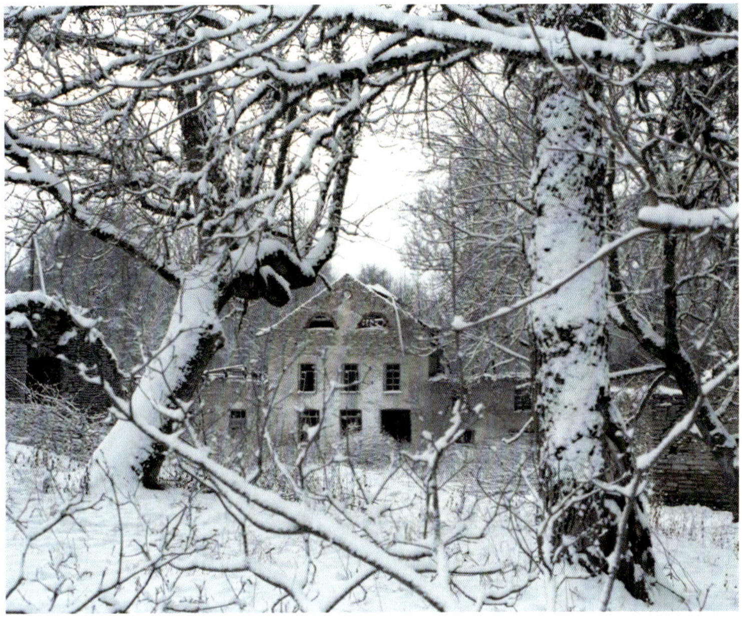

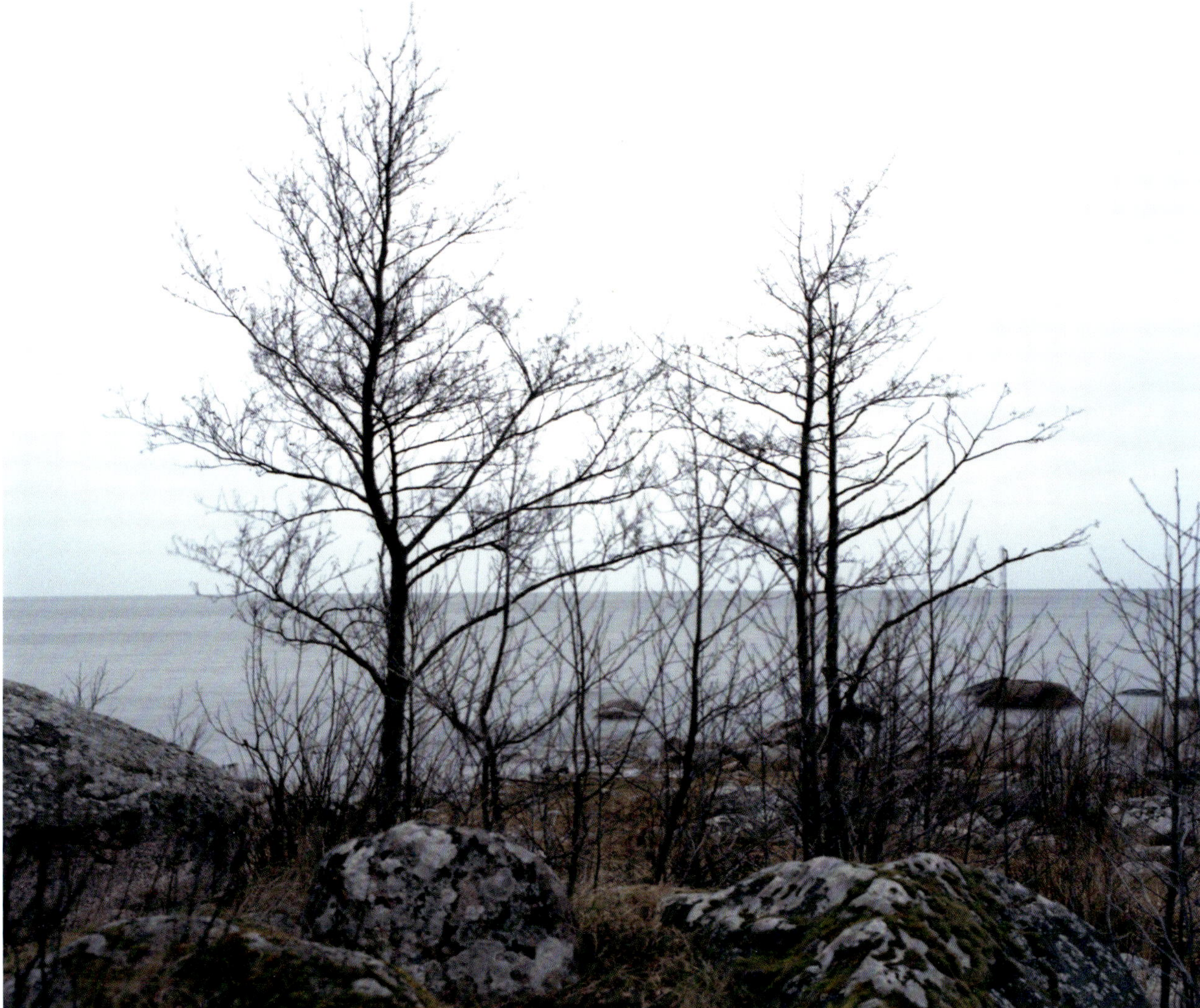

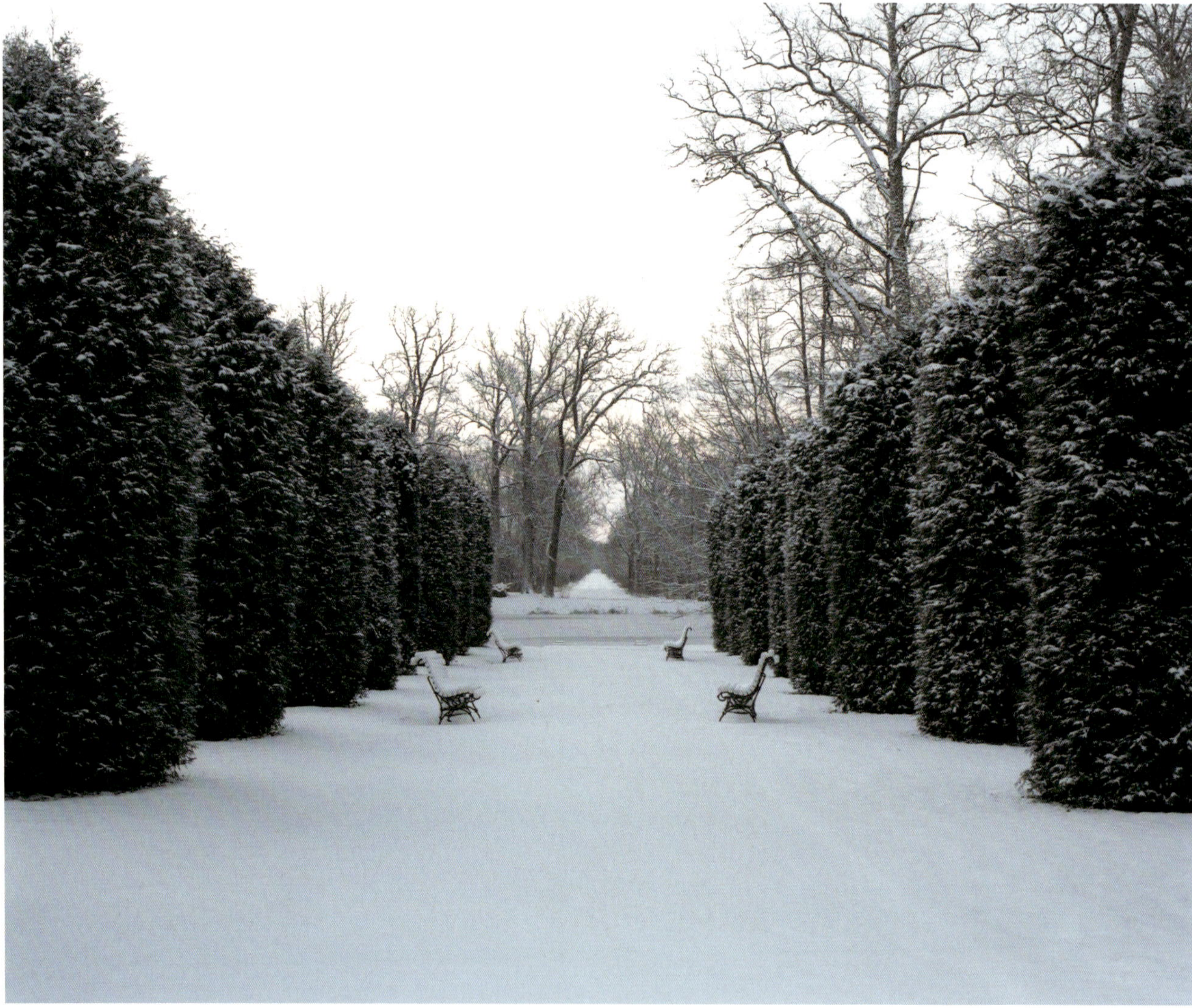

Ir seši no rīta. Ārā ir dziļš sniegs
On hommik, kell on kuus. Väljas
on paks lumi ja kibekülm pakane.
un stindzinoši auksts. Mēs ar veco
Läheme koos vana teenriga läbi
kalpu ejam cauri kungu mājas
härrastemaja pikkade koridoride,
garajiem gaiteņiem. Mums rokas
meie puusületäied on hiigelsuured.
ir pilnas ar malkas pagalēm un
Teeme tule kõikidesse ahjudesse,
mēs kurinām krāsnis, lai kungi
et härrasrahval oleks soe tõusta.(11)
varētu piecelties siltās telpās.(11)

It's six o'clock in the morning.
Es ist sechs Uhr am Morgen. Draußen
liegt tiefer Schnee und es ist bitterkalt.
Outside the snow is deep and it is
Ich laufe mit dem alten Diener durch die
bitterly cold. I walk with the old servant
langen Flure des Herrenhauses. Wir haben
riesige Arme voll Meterholz und heizen
through the long corridors of the
alle Öfen ein, damit die Herrschaften im
mansion. We carry massive armfuls of
logs and heat up all the ovens so that
Warmen aufstehen können.(11)
it's warm when the masters get up.(11)

Lumi, lumi! Esimene lumi! Paksult sisse
Sniegs, sniegs! Pirmais sniegs
pakitud, jookseme suurtest treppidest
ir uzsnidzis! Saģērbušies biezās
drēbēs skrienam lejā pa lieliem
alla parki. Siis jääme vaikselt seisma
pakāpieniem uz parku. Sastingstam
ja pöörame pilgud tumedasse
un vērojam tumšās debesis.
taevasse. Lumi langeb alla lugematul
hulgal tuhandete helvestena.(12)
Snieg tūkstošiem pilnu pārslu.(12)

Schnee, Schnee! Es ist der erste
Schnee! Dick verpackt laufen wir
Snow, snow! It's the first snow! In
die großen Stufen herunter in
thick clothing, we walk down the
big steps to the park. We stop
den Park. Wir bleiben still stehen
and look into the dark sky. The
und schauen in den dunklen
Himmel. Der Schnee rieselt in
snow trickles down in thousands
tausend und abertausend
upon thousands of flakes.
Flocken herunter.(12)

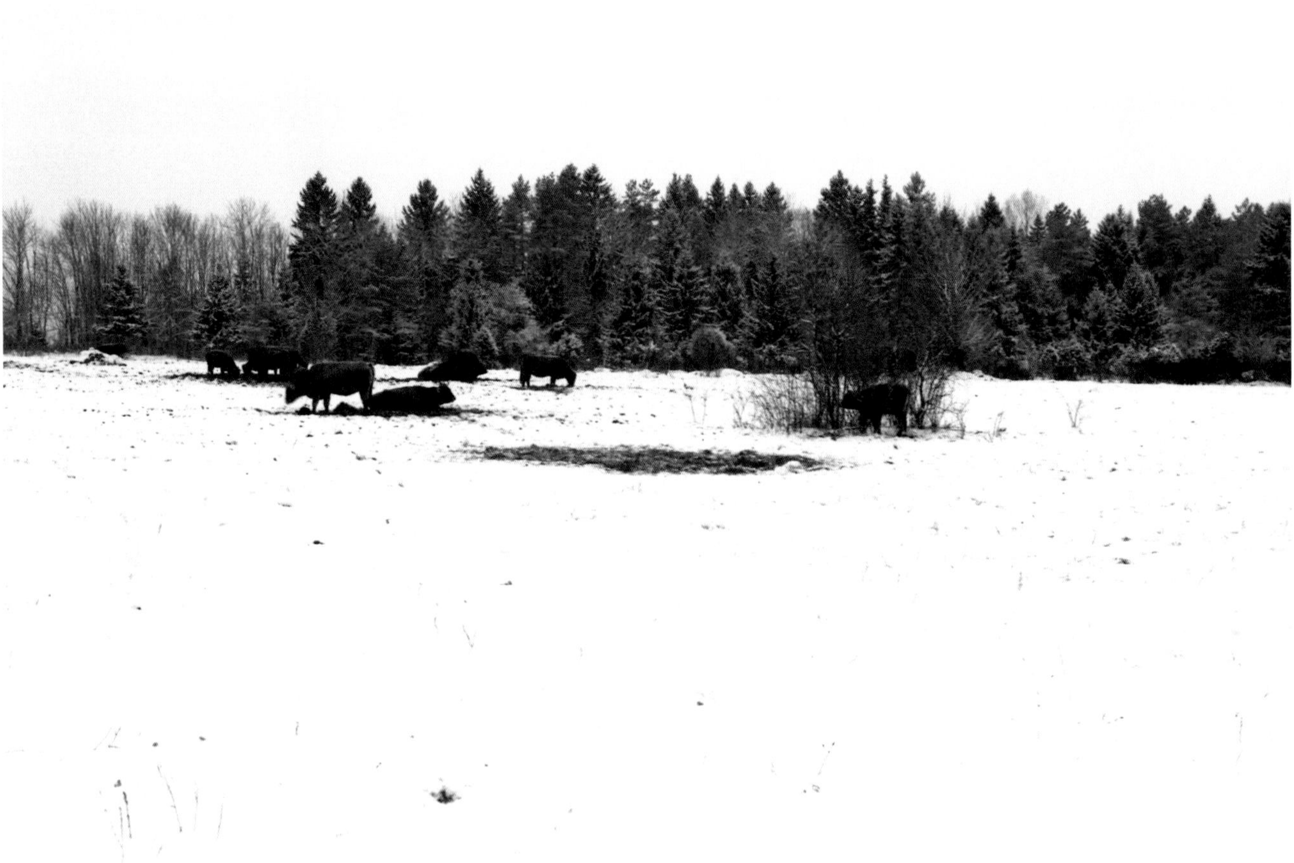

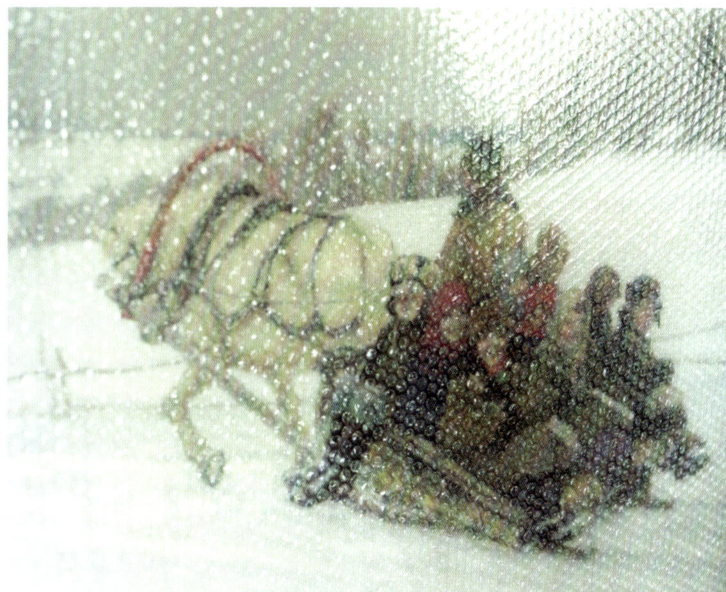

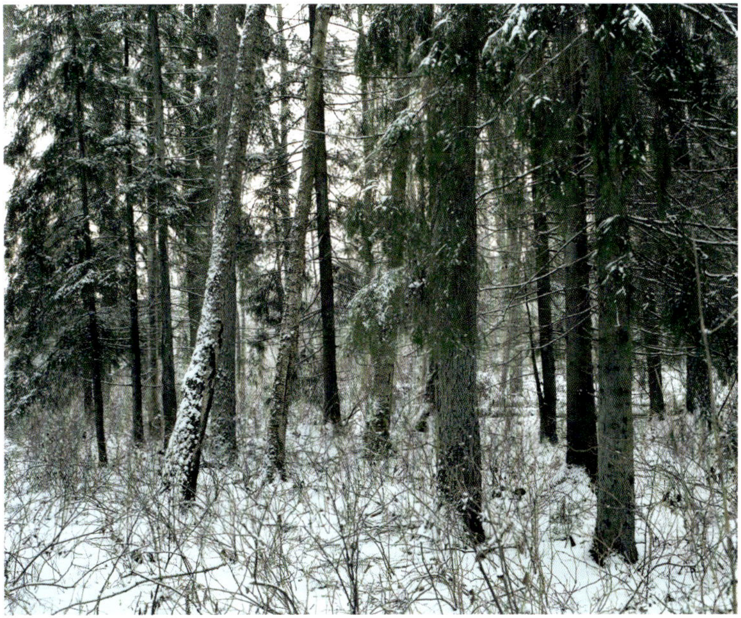

DANK AN
THANKS TO
TÄNU
PALDIES

Daniel Dickemann
Irēna Meistere
Gerda Kohl
Elisabeth von Pander
Berend Pauli
Andreas Hansen
Bothild Hoffmann
Daniel Jahn
Ülle Pillaroo

INSPIRATIONEN DER KINDHEITSERINNERUNGEN
INSPIRATIONS OF CHILDHOOD MEMORIES
IEDVESMAS BĒRNĪBAS ATMIŅAS
INSPIRATSIOON LAPSEPÕLVEMÄLESTUSED

Spoken Memory from Bothild Hoffmann, Memory 4

Eva Gaethgens: Winterleben auf Großmutters Landgut. Hamburg, Agentur des Rauhen Hauses, 1920, Memory 12: p. 36.

Oskar Grosberg: Meschwalden - Ein atlivländischer Gutshof. Leipzig, Paul List Verlag, 1937. Memory 3: p. 26, Memory 7: p. 61f, Memory 8: p. 173, Memory 9: p. 52.

Barbara Pauli: Gut Hoppenhof – Ein kleines baltisches Vermächtnis. Limburg an der Lahn, C. A. Starke Verlag, 1989. Memory 1: p. 18, Memory 2: p. 2, Memory 6: p. 32, Memory 10: p. 46, Memory 11: p. 56f.

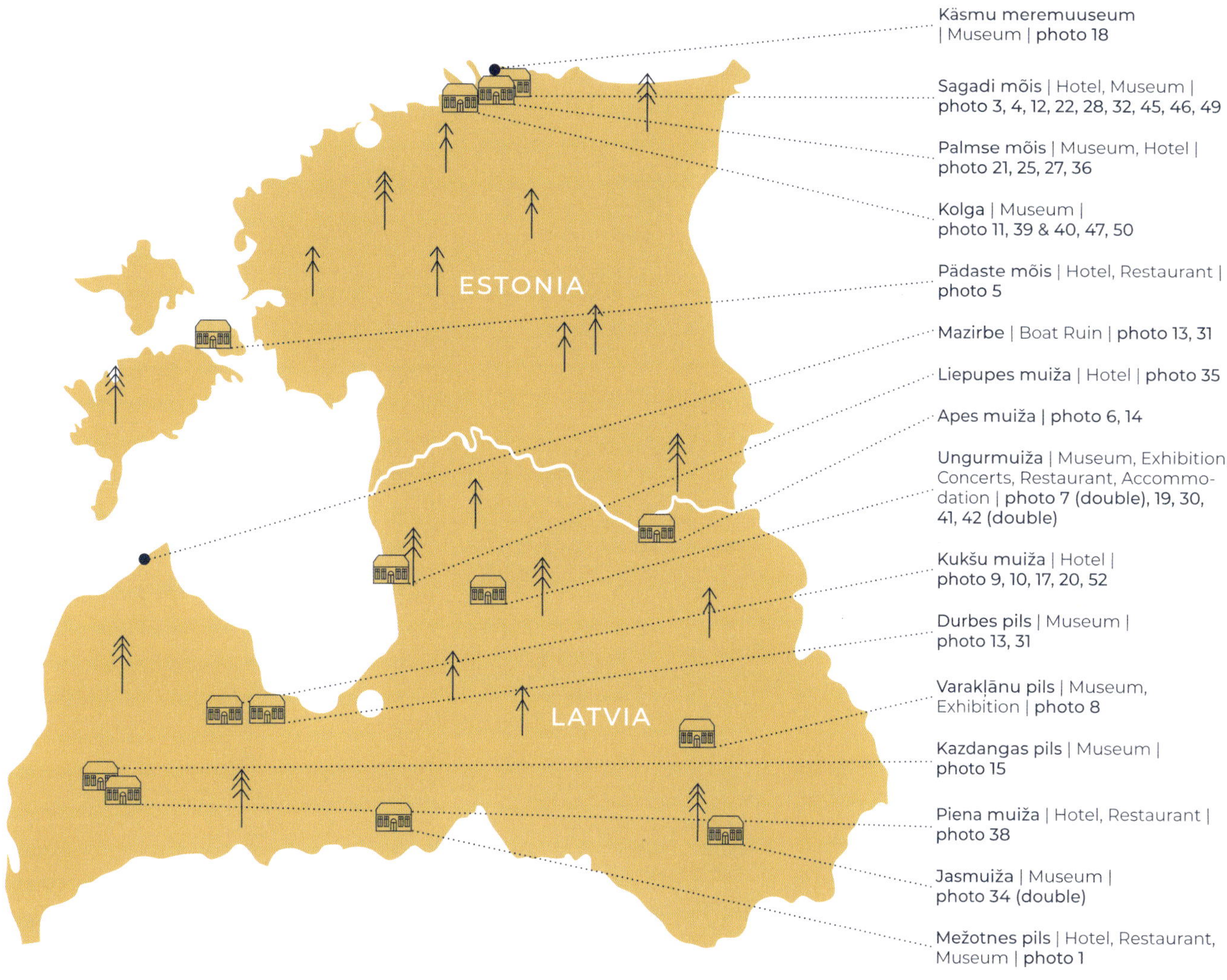

ESTONIA
LATVIA
Käsmu meremuuseum | Museum | photo 18
Sagadi mõis | Hotel, Museum | photo 3, 4, 12, 22, 28, 32, 45, 46, 49
Palmse mõis | Museum, Hotel | photo 21, 25, 27, 36
Kolga | Museum | photo 11, 39 & 40, 47, 50
Pädaste mõis | Hotel, Restaurant | photo 5
Mazirbe | Boat Ruin | photo 13, 31
Liepupes muiža | Hotel | photo 35
Apes muiža | photo 6, 14
Ungurmuiža | Museum, Exhibition, Concerts, Restaurant, Accommodation | photo 7 (double), 19, 30, 41, 42 (double)
Kukšu muiža | Hotel | photo 9, 10, 17, 20, 52
Durbes pils | Museum | photo 13, 31
Varakļānu pils | Museum, Exhibition | photo 8
Kazdangas pils | Museum | photo 15
Piena muiža | Hotel, Restaurant | photo 38
Jasmuiža | Museum | photo 34 (double)
Mežotnes pils | Hotel, Restaurant, Museum | photo 1

IMPRESSUM
COLOPHON
KONTAKT
KONTAKTI

Editor
Anja Putensen, Hamburg
www.anja-putensen.squarespace.com

Project management
Kerber Verlag, Martina Kupiak

Production
Kerber Verlag, Jens Bartneck

Design
Kathrin Haas, www.kathrin-haas.de

Translations
Kristine Simonova (Latvian)
Ülle Pillaroo (Estonian)

Copyediting
Verena Simon (German)
Wendy Brouwer (English)
Liga Wormuth (Latvian)
Kaja Ziegler (Estonian)

The Deutsche Nationalbibliothek lists this publication in the Deutsche Nationalbibliografie; detailed bibliographic data are available on the Internet at http://dnb.dnb.de.

Printed and published by
Kerber Verlag, Bielefeld
Windelsbleicher Str. 166–170
33659 Bielefeld
Germany
Tel. +49 (0) 5 21/9 50 08-10
Fax +49 (0) 5 21/9 50 08-88
info@kerberverlag.com

Kerber, US Distribution
ARTBOOK | D.A.P.
75 Broad Street, Suite 630
New York, NY 10004
Tel. +1 (212) 627-1999
Fax +1 (212) 627-9484

Kerber publications are available in selected bookstores and museum shops worldwide (distributed in Europe, Asia, South and North America).

ISBN 978-3-7356-0597-9

www.kerberverlag.com

Printed in Germany